2011年9月6日，国家主席胡锦涛出席首届亚太经合组织林业部长级会议开幕式并致辞。

新华社记者黄敬文　摄

开幕式前，胡锦涛主席会见出席会议的亚太经合组织各成员代表团团长。

新华社记者黄敬文　摄

2011年9月7日，国务院副总理回良玉出席首届亚太经合组织林业部长级会议闭幕式并致辞。

中国绿色时报社记者贾达明　摄

2011年9月6日，首届亚太经合组织林业部长级会议主席、国家林业局局长贾治邦在会议上讲话。

中国绿色时报社记者杨华　摄

2011年9月6日，首届亚太经合组织林业部长级会议中国代表团团长、国家林业局副局长赵树丛出席会议。

中国绿色时报社记者贾达明　摄

2011年9月6日，国家林业局局领导出席首届亚太经合组织林业部长级会议。

中国绿色时报社记者贾达明　摄

发展现代林业　促进绿色增长

——学习胡锦涛主席在首届 APEC 林业部长级会议上讲话体会文集

国家林业局　编

中国林业出版社

图书在版编目(CIP)数据

发展现代林业 促进绿色增长：学习胡锦涛主席在首届 APEC 林业部长级会议上讲话体会文集/国家林业局编．—北京：中国林业出版社，2011.12

ISBN 978-7-5038-5556-6

Ⅰ．①发… Ⅱ．①国… Ⅲ．①胡锦涛－讲话－学习参考资料 ②林业经济－经济发展－中国－学习参考资料 Ⅳ．①D2-0 ②F326.23

中国版本图书馆 CIP 数据核字(2011)第 280998 号

责任编辑：刘 慧 郑铁志

出版 中国林业出版社(100009 北京市西城区刘海胡同 7 号)
网址 http://lycb.forestry.gov.cn
E-mail cfphz@public.bta.net.cn **电话** 010－83226649
发行 中国林业出版社
印刷 三河祥达印装厂
版次 2011 年 12 月第 1 版
印次 2011 年 12 月第 1 次
开本 880mm×1230mm 1/32
印张 3.75
插页 2
字数 65 千字
印数 1～20 000
定价 10.00 元

编辑说明

2011年9月6~8日，首届亚太经合组织林业部长级会议在北京举行。这次会议是落实胡锦涛主席2010年在亚太经合组织第18次领导人非正式会议上提出的“召开首届亚太经合组织林业部长级会议，进一步推动亚太区域林业合作”的倡议而召开的。亚太经合组织21个成员全部派高级别代表团出席了会议。会议取得了一系列成果。特别是在9月6日会议开幕式上，国家主席胡锦涛发表了题为《加强区域合作　实现绿色增长》的重要讲话，对森林在推动绿色增长中的重要功能以及林业与绿色增长的关系进行了深刻论述，并就亚太区域林业发展与合作提出了3点建议，强调要加强林业建设，发挥森林的多种功能，让森林永远造福人类，为亚太和世界人民创造更加美好的明天。

胡锦涛主席的重要讲话高瞻远瞩，内涵丰富，影响深远，对林业的战略地位与作用作出了许多新的科学论断，对中国林业发展的战略举措与目标作出了进一步的明确论述。这既是中国政府积极推动亚太区域林业合作、促进绿色增长的庄严承诺，更是推动我国现代林业科学发展的重要指针。

国家林业局党组对学习贯彻胡锦涛主席重要讲话精神高度重视，作出了一系列安排部署。局党组书记、局长贾治邦，局党组副书记、副局长赵树丛亲自撰写学习体会文章，局党组理论学习中心组对讲话进行了反复研读，形成了一系列学习成果。

为推动全国林业系统掀起深入学习贯彻胡锦涛主席重要讲话精神的热潮，进一步用讲话精神指导我国现代林业科学发展，按照国家林业局党组的部署，本书收集了国家林业局“学习胡锦涛主席重要讲话 推动现代林业科学发展”13 篇学习体会文章，供广大林业工作者深入学习。

目　录

加强区域合作　实现绿色增长

——在首届亚太经合组织林业部长级会议上的致辞

（2011 年 9 月 6 日）

胡锦涛

女士们，先生们：

金秋时节，来自亚太经合组织各成员的代表们相聚北京，举行首届亚太经合组织林业部长级会议，共同探讨林业发展和绿色增长。首先，我谨代表中国政府和人民，对会议的召开表示热烈的祝贺！向与会各位代表表示诚挚的欢迎！

当前，经济全球化继续发展，科技创新孕育新突破，经济合作持续推进，各国经济相互依存不断加深，全球经济治理出现新变革。亚太经济保持良好发展势头，成为世界经济复苏和可持续增长的重要推动力量。同时，国际金融危机深层次影响仍然存在，国际金融市场不稳定不确定因素增多，国际和地区热点此起彼伏，气候变化、生态恶化、能源资源安全、粮食安全、重大自然灾害等全球性挑战日益突出，全球金融治理任重道远。有效应对全球发展面临的挑战、实现共同发展已经成为国际社会普遍关注的重大课题。

女士们、先生们!

在去年举行的横滨会议上，为促进区域经济实现平衡、包容、可持续、创新、安全增长，我们通过了《亚太经合组织领导人增长战略》，提出了推动亚太经济发展的指导原则、行动计划、落实机制，绿色增长就是其中的重要内容。

森林在推动绿色增长中具有重要功能。森林是陆地生态系统的主体和维护生态安全的保障，对人类生存发展具有不可替代的作用。森林是重要而独特的战略资源，具有可再生性、多样性、多功能性，承载着潜力巨大的生态产业、可循环的林产工业、内容丰富的生物产业。森林是陆地上最大的碳储库，减少森林损毁、增加森林资源是应对气候变化的有效途径。

亚太地区拥有世界上最丰富最独特的森林生态系统，森林面积占全球一半以上。近年来，亚太地区林业呈现良好发展势头，森林面积持续增加，成为扭转全球森林资源下降趋势的主要力量。同时，亚太地区也面临着毁林、森林退化、林区相对贫困和林产品贸易保护主义等挑战。

为应对亚太林业发展面临的挑战、实现共同发展，亚太经合组织各成员高度重视林业在应对气候变化、实现绿色增长方面的重要作用，积极开展区域合作。2007 年亚太经合组织领导人第十五次非正式会议通过的《气候变化、能源安全和清洁发展悉尼宣言》提出“到 2020 年，本地区各种森林面积净增长 2000 万公顷”的目标。2010 年亚太经合组织领导人宣言进一步提出，各方应该共同努力，实现悉尼目标，推动森林恢复和可持续经营。这充分体现了亚太经合组织各成员加强林业合作的政治意愿。亚太经合组织林业合作虽然处于起步阶段，但潜力巨大、前景广阔。

首届亚太经合组织林业部长级会议的召开，为加强区域合作、加快林业发展提供了新的合作渠道。会议将围绕转变经济发展方式、应对气候变化、发展绿色经济、促进绿色增长进行深入探讨，意义重大。这里，我愿就区域林业发展和合作提出 3 点建议。

第一，加强林业建设。我们应该把林业发展纳入经济社会发展总体布局，完善林业政策，增加资金投入，推进科技创新，加大资源培育力度，创新管理模式，加强森林执法，提升森林资源数量和质量，优化资源配置，推动产业发展，突出生态建设。

第二，发挥森林多种功能。我们应该妥善处理发展和保护、产业和生态的关系，充分发挥森林在经济、社会、生态、文化等方面的多种效益，实现平衡发展。要合理利用森林资源，发展林业产业，壮大绿色经济，扩大就业，消除贫困。要挖掘林业潜力，发展木本粮油和生物质能源，维护粮食安全和能源安全。要加强生物多样性保护，涵养水源，防治荒漠化，增加森林碳吸收，应对气候变化，维护区域和全球生态安全。

第三，深化区域合作。我们应该本着平等互利原则，以务实态度开展区域合作。要推动亚太林业高层对话，加强林业政策协调，深化林业经济技术合作，减少或消除绿色贸易壁垒，积极参与全球森林问题磋商和对话，发挥区域林业合作机制作用，增加对发展中成员的支持。

女士们、先生们！

中国高度重视林业建设，把发展林业作为实现科学发展的重大举措、建设生态文明的首要任务、应对气候变化的战略选择。中国不断增加投入，加强森林生态系统、湿地生态系统、荒漠生态系统建设和生物多样性保护，全面实施退耕还林、天然林保护等重点生态工程，持续开展全民义务植树，深入推进集体林权制度改革，调动全社会发展林业积极性，实现了森林资源和林业产业协调发展。目前，中国森林面积达到1.96亿公顷，其中人工林面积达到6168万公顷，居世界首位，为促进绿色增长、推动可持续发展提供了有利条件。

中国将继续加快林业发展，力争到2020年森林面积比2005年增加4000万公顷、森林蓄积量比2005年增加13亿立方米，为绿色增长和可持续发展作出新的贡献。中国将继续通过亚太森林恢复与可持续管理组织，为亚太经合组织发展中成员提供力所能及的支持。

女士们、先生们！

亚太经济发展和区域合作正面临新的机遇。亚太经合组织各成员应该深化合作、携手共进，让森林永远造福人类，为亚太和世界人民创造更加美好的明天！

祝会议取得圆满成功！

谢谢各位。

切实肩负起造福人类的重大使命

——学习胡锦涛主席重要讲话体会之一

贾治邦

胡锦涛主席在2011年9月6日举行的首届亚太经合组织林业部长级会议开幕式上发表的重要讲话，站在维护全人类共同福祉的高度，阐述了森林在维护生态安全、推动绿色增长、应对气候变化中的重要功能，提出了加强林业建设、深化区域合作的重要主张，向全世界发出了让森林永远造福人类的重要倡议。胡锦涛主席的讲话高屋建瓴，思想深刻，是我们党和政府关于林业发展的一篇纲领性文献，对推动中国林业乃至世界林业发展具有重要的指导意义。我们要把深入学习领会讲话精神作为当前林业工作的首要任务，用讲话精神统一思想、指导实践、推动工作，切实肩负起党和人民赋予我们的光荣使命。

一、深入学习领会讲话精神，首先要准确把握党的十六大以来我国加快林业发展的重大举措

胡锦涛主席的重要讲话，把林业事业提升到了一个全新的高度，这与我们党长期以来对林业的科学认识和工作部署一脉相承。党的十六大以来，以胡锦涛同志为总书记的党中央高度重视林业，提出了很多具有创新性的科学论断，作出了一系列影响深远的重大决策，初步形成了中国特色的林业发展之路。对过去10年林业发展辉煌历程把握得越清楚越准确，就会对胡锦涛主席讲话精神学习领会得越深入越透彻。

中央提出的“两大战略”，指明了新世纪新阶段我国林业发展的方向和道路。进入新世纪，为顺应经济社会发展的新形势和新要求，我国林业在发展方向和道路上需要作出新的选择。2003年，中央提出了实施以生态建设为主的林业发展战略，实现了林业工作由以木材生产为主向以生态建设为主的转变。2007年，党的十七大正式提出了建设生态文明战略，并且明确了发展林业是建设生态文明的首要任务，林业成为了建设生态文明的主体。这“两大战略”的实施，从根本上解决了我国林业的方向和道路问题，从此林业迎来了新的春天，进入了发展的黄金期。

中央颁布的“两个文件”，完善了新世纪新阶段我国林业发展的政策和措施。体制机制不顺是制约我国林业发展的重要因素。在把握世界林业发展规律和总结我国林业实践的基础上，2003年和2008年，党中央、国务院先后颁布了《关于加快林业发展的决定》、《关于全面推进集体林权制度改革的意见》。这“两个文件”对林业改革发展和生态建设作出了全面的部署，理顺了林业体制机制，完善了林业政策措施，为推进我国现代林业又好又快发展提供了有力的保障。十年内两次以中央文件的形式对林业工作作出部署，这在新中国林业发展史上是没有过的。

中央召开的“两次会议”，提升了新世纪新阶段我国林业的地位和作用。随着经济社会的快速发展，林业在全局和战略中的作用越来越突出。正是在这一大背景下，国务院于2003年召开了全国林业工作会议，党中央在2009年召开了首次中央林业工作会议。这“两个会议”的召开，对进一步动员全党全国人民发展林业事业起了重要作用。特别是会议作出的关于林业“四地位”和“四使命”的重要论断，体现了我们党和政府对发展林业的最新认识，是对我国林业实践的最新理论总结，对进一步指导我国林业科学发展具有重大的现实意义和深远影响。

中央确定的“双增目标”，明确了新世纪新阶段我国林业发展的目标和任务。根据全面建设小康社会和生态文明的要求，中央在2003年提出了全国森林覆盖率的奋斗目标，到2020年、2050年分别达到23%以上和26%以上，实现国家生态良好、山川秀美。为积极应对气候变化，胡锦涛主席在2009年联合国气候变化峰会上庄严承诺，我国争取到2020年森林面积比2005

年增加4000万公顷、森林蓄积量比2005年增加13亿立方米。这些目标和任务，描绘了中国林业发展的美好蓝图和广阔前景，是林业的重大责任，也是林业发展的良好机遇。

过去的10年，我国林业走过了大转折、大跨越、大发展的不平凡历程，取得了举世瞩目的成就。回顾这一辉煌历程，我们就会更加深刻地感受到党中央对林业的炙热情怀，就会更加自觉地把思想和行动统一到胡锦涛主席的讲话精神上来。

二、深入学习领会讲话精神，关键是要深刻认识林业肩负的造福人类的崇高使命

胡锦涛主席在讲话中发出了让森林永远造福人类的重要倡议。这一倡议，对森林的功能和价值给予了至高评价，为维护和发展广大人民群众的福祉指明了一个重要的方向，同时也赋予了我们林业部门更加崇高的使命。

林业是生态建设主体和生态产品的最大提供者，直接关乎人民群众的生态需求和福祉。我国林业担负着保护和发展森林生态系统、保护和恢复湿地生态系统、保护和改善荒漠生态系统、保护和拯救生物多样性的职责，我们称之为“三个系统一个多样性”。森林是“地球之肺”，湿地是“地球之肾”，荒漠被称为“地球的癌症”，生物多样性被称为“地球的免疫系统”。

由此可见，林业是一项关系地球生命健康和陆地生态平衡的神圣事业。通过建设和保护好“三个系统一个多样性”，林业可以生产出十分丰富的生态产品。诸如，制造氧气、负氧离子，吸收二氧化碳、净化空气，涵养水源、保持水土，提供淡水、净化水质等。这些生态产品对人类来说，虽然十分普通，但不可或缺。因此说，林业是维护人类生存和保障人们健康的崇高事业。

林业是重要的基础产业和最大的绿色经济体，直接关乎人民群众的物质需求和福祉。满足人们的物质需求，是维护和发展人民群众福祉的基础。林业是重要的资源库，依托森林资源，可以生产出木材及制品、工业原料、木本粮油、食品药材等10万多种原材料和林产品，它们与人们的衣食住行息息相关。林业是潜力巨大的能源库，森林是仅次于煤炭、石油、天然气的第四大能源资源，具有可再生、可降解的特点。在化石能源日益枯竭的严峻背景下，发展林业生物质能源已成为人类能源替代战略的重要选择。林业是最大的绿色经济体，承载着潜力巨大的生态产业、可循环的林产工业、内容丰富的生物产业。发展林业，是打造低碳经济、循环经济的重要途径，有助于缓解资源能源困境，有助于促进经济结构调整和壮大绿色产业，为人类创造更多的物质财富。

林业是精神家园建设者和精神服务提供者，直接关乎人民群众的精神需求和福祉。森林以其独具的自然美、形态美、色调美、生机美等，塑造出了深厚的精神内涵，为人类提供着丰富而独特的精神服务。森林是满足精神寄托的载体，借树言志、借树抒情、借树感怀，人对人生、感情、事业、生活的各种愿望和向往，都可以通过树木来表达、来实现。森林是实现精神塑造的课堂，高大挺拔的白杨，傲雪凌霜的红梅，坚贞不屈的青松，最能激发人的斗志、砥砺人的品格、坚定人的毅力、提升人的气节。森林是缓解精神压力的场所，森林具有调节人的生理机能、促进身心健康的独特功能。在人的视野中，绿色达到 25% 以上时，能消除眼睛和心理的疲劳，使人的精神压力得到释放。森林是丰富精神享受的乐土，森林对人的审美情趣和道德情操起着潜移默化的作用，在森林中，人的心灵能得到净化，境界能得到提升。

林业是文化的记载传承者和发展繁荣的推动者，直接关乎人民群众的文化需求和福祉。文化是幸福的重要源泉，在文化生活的熏陶滋养中，人能获得无比美妙的幸福感受。森林是人类文化产生的发源地，森林孕育了人类和人类文化，既是一部博大精深、包罗万象的教科书，也是一座取之不尽、用之不竭的文化宝库。森林是人类文化的记载者和传承者，人类的林业发展史，就是人类的文化进步史。从原始社会、农业社会、工业社会到今天生态文明社会，人类创造的文化成果，都能在森林中找到印记。森林是人类文化发展繁荣的推动者，作为生态文化的核心元素，森林文化历久而弥新，具有优秀传统文化和现代先进文化的品格和特征，有着十分旺盛的生命力。大力弘扬森林文化，生产出源源不断的森林文化产品，可以起到教育人、熏陶人、感染人、影响人的良好效果，为人类文化发展繁荣作出特殊贡献。

总之，森林是人类的无价之宝，森林即人类之未来，幸福之所在。随着我们对森林认识的不断深化和科学技术的快速发展，森林所具有的多种功能和巨大潜力将得到更加充分的体现，森林带给人类的幸福将不可估量。

三、深入学习领会讲话精神，最终要体现在大力推进现代林业又好又快发展之上

胡锦涛主席在讲话中就做好林业工作提出了明确要求。我们要深刻认识到，当前和今后一个时期，大力发展现代林业，加快构建林业三大体系和推进林业改革，是贯彻落实讲话精神、推动林业科学发展的根本落脚点。

一是突出加强生态建设。围绕实现到 2020 年森林面积和森林蓄积量“双增”，建设生态良好、山川秀美国家的目标，大力实施以生态建设为主的林业发展战略，以建设和保护“三个系统一个多样性”为核心，以开展林业重点生态工程和推进义务植树运动为依托，加快建设覆盖全国生态重点地区和生态脆弱地区的十大生态屏障。要推进“身边增绿”行动，建设森林城市、森林乡镇、森林村庄、森林校园，让广大人民群众充分享受生态建设成果。要加强森林培育、保护和经营，确保如期达到国家“十二五”规划提出的森林两大约束性指标。

二是积极发展林业产业。经过多年努力，我国已经成为世界林产品生产和贸易大国，但还不是林业产业强国。当前，国家实施转变发展方式、扩大国内需求、发展绿色经济等重大战略，加之社会和市场对林产品需求持续升温，为林业产业发展带来了大好机遇。我们要以提高林产品供给能力、促进农民就业增收为目的，以市场调节和宏观调控为手段，以产业结构调整为主线，以体制、政策、科技创新为动力，加快发展林业十大主导产业，全面提升林业产业整体素质，努力把我国建设成为林业产业强国，为拉动生态建设、发展绿色经济、扩大社会就业、促进农民增收作出更大贡献。

三是全面深化林业改革。改革是解放和发展林业生产力的根本途径，是林业永葆生机活力的源泉。林业改革已经迈出了坚实步伐，取得了显著成效，积累了丰富经验，要坚定不移地深入推进下去，形成“三驾马车”齐头并进的大好局面。要全面深化集体林权制度改革，在明晰产权、承包到户主体改革即将完成的基础上，通过发展林下经济、推进配套改革等措施，进一步巩固和扩大改革成果，确保生态得到保护、农民得到实惠。要积极推进国有林场改革，认真搞好试点，尽快全面推开，使几千个国有林场的优势、潜力和活力得到最大释放。要稳步推进重点国有林区改革，积极做好试点，完善总体思路，创新体制机制，使重点国有林区再现昔日辉煌。

四是大力繁荣森林文化。只有从文化层面上树立国民的森林意识、森林自觉，才能为林业的长远发展注入永恒动力，提供根本保证。要紧紧抓住党和国家推动社会主义文化大发展大繁荣的大好时机，充分调动林业系统和全社会宣传文化工作者的积极性、创造性，大力弘扬以树文化、花文化、竹文化、茶文化、野生动物文化、湿地文化等为核心内容的森林文化。切实提高森林文化的传播力、覆盖面，丰富森林文化产品的创作和生产，提升森林文化在整个中华文化中的地位和影响，用森林文化的强大力量和独特魅力推动林业又好又快发展。

全面提升林业应对气候变化能力

——学习胡锦涛主席重要讲话体会之二

国家林业局党组理论学习中心组

胡锦涛主席在首届亚太经合组织林业部长级会议上指出："森林是陆地上最大的碳储库，减少森林损毁、增加森林资源是应对气候变化的有效途径。"在关于区域林业发展和合作的建议中，胡锦涛主席进一步提出："增加森林碳吸收，应对气候变化，维护区域和全球生态安全。"这些精辟论断高度概括了森林在应对气候变化中的重要作用，充分体现了党中央、国务院对森林碳汇功能的高度重视，既为亚太地区开展林业应对气候变化合作指明了方向，也对国内林业应对气候变化工作具有重要指导意义。学习贯彻胡锦涛主席重要讲话精神，必须深刻认识森林在应对气候变化中的特殊作用，全面提升林业应对气候变化的能力，为维护生态安全和应对气候变化作出更大贡献。

一、全面提升林业应对气候变化能力，必须充分认识森林在应对气候变化中的重要作用

森林通过光合作用，吸收大气中的二氧化碳，放出氧气，维护着地球碳平衡和人类生存。森林是陆地上最大的碳储库。据联合国气候变化专门委员会估称，全球陆地生态系统中约储存了2.48万亿吨碳，其中1.15万亿吨碳储存在森林生态系统中。森林又是最经济的吸碳器，每年吸收的二氧化碳相当于全球每年化石燃料排放二氧化碳总量的1/3，在吸收大气中二氧化碳上发挥着主导作用。同时，人类大规模地毁林开荒又增加了碳排放，干扰了地球碳平衡。历史上，全球森林覆盖率在50%以上。由于人口增加、农田扩张、不合理利用等原因，导致全球森林覆盖率降到了目前的30%左右，由此排放的二氧化碳约占同期全球温室气体排放总量的17%左右，森林损毁已成为全球第三大温室气体排放源。减缓全球气候变暖，必须减少森林损毁，切实增加森林资源。

早在《联合国气候变化框架公约》谈判前，各国就认识到森林减缓气候变暖的重要作用。此后，在各国签署的《联合国气候变化框架公约》及《京都议定书》中，都列入了保护和增加森林碳汇的相关条款。在当前气候谈判中，各国一致赞同在减缓气候变暖的过程中进一步发挥森林的重要作用。各国之所以在这方面具有广泛共识，首先是因为增加森林碳汇可大大降低减排总成本，减轻工业、能源减排压力，为开发低成本工业减排技术赢得时间。其次，增加森林碳汇体现了可持续发展和壮大绿色经济的要求，不仅不会导致失业，而且还能增加林区居民就业机会和经济收入。同时，还能发挥森林保持水土、维护生物多样性、净化空气、防风固沙的多种效益，促进林业均衡发展。

实际上，发达国家在履行《京都议定书》的减排承诺中，已经使用相当数量的森林碳汇来抵消其工业和能源排放，为其完成减排任务发挥了重要作用。在当前气候谈判中，发达国家还想用更多森林碳汇来抵消 2012 年后的工业和能源排放，以进一步减轻减排压力。同时，大多数发展中国家希望发达国家提供资金和技术支持，以实施保护和增加森林碳汇方面的行动，为减缓气候变暖作出更大贡献。由此可见，充分发挥林业在应对气候变化中的重要作用，已经成为国际社会的普遍共识与共同行动。

二、全面提升林业应对气候变化能力，必须准确把握森林应对气候变化的机遇和挑战

碳汇功能是森林固有的生态服务功能。在气候变暖未受广泛关注之前，森林碳汇价值难以变现。应对气候变化对森林碳汇的需求，使森林碳汇价值通过市场或非市场手段变现成为可能，可为森林经营者带来更多的经济收益和发展资金，进而激发他们更好地保护和发展森林资源。尤其是随着森林碳汇功能的日益重要，林业应对气候变化已经成为国际社会重要的热

点话题，与各国经济发展和能源利用的关系更加紧密，各国政府必然更加重视林业的地位与作用，进一步加大对林业的资金投入和政策扶持力度，这将有力地推动林业发展。

在看到发展机遇的同时，还必须清醒地认识到，全球气候变暖及其应对工作的紧迫性，对林业发展也带来了严峻挑战。气候变暖虽然能在一定程度促进森林生长，扩大森林分布区，但是气温升高会加大林火、森林病虫害发生频率和强度，增加外来有害生物入侵风险。同时，导致极端天气增多，水资源时空分布急剧变化，引发滑坡、泥石流等次生灾害，加剧干旱和半干旱区水资源短缺，破坏森林和湿地生态系统平衡，给荒漠生态系统植被保护和恢复带来更大难度。气候变暖还会加快敏感性强的野生动植物灭绝速度，加大生物多样性保护难度。

总体看，在应对气候变化方面，林业面临的机遇大于挑战，有利条件多于不利因素。各级林业部门必须抢抓机遇，趋利避害，积极而为，充分发挥林业在应对气候变化中的巨大潜力，为维护气候安全作出应有的贡献。一是扩大森林面积的潜力。我国尚有6亿多亩宜林荒山荒地和大量25度以上的陡坡耕地可用于植树造林，扩大森林面积还有较大空间。二是提高森林质量的潜力。我国现有森林资源质量总体偏低，每公顷森林蓄积量远低于世界平均水平。通过优化林分结构，强化森林经营，可以大幅度提高单位面积林分生长量，进一步提升森林碳汇能力。三是加强森林保护的潜力。目前，我国每年因乱征滥占林地而丧失的有林地面积约1500万亩，同时森林火灾和病虫害也频繁发生，每年因此增加大量森林碳排放。加大森林资源保护力度，可以有效减少森林碳排放。四是发展生物质能源的潜力。据统计，我国每年有可以能源化利用的森林采伐和木材加工废弃物3亿多吨，如果全部利用，约可替代2亿吨标准煤。同时，利用现有宜林荒山荒地，如果培育能源林2亿亩，每年可提供生物能源折合标准煤2.7亿吨。如果将这些生物质能源开发出来，约可减排二氧化碳10.72亿吨。五是开发木材制品的潜力。用木材替代能源密集型材料，不但可以增加碳贮存，还可以减少使用化石能源生产原材料所产生的碳排放，对于减缓气候变暖具有重要意义。

三、全面提升林业应对气候变化能力，必须提高现代林业发展水平

提升林业应对气候变化能力，必须大力推进现代林业建设，不断增加我国森林资源的数量和质量，全面增强森林的碳汇功能。一要努力增加森林资源。继续实施林业重点工程，深入开展全民义务植树运动，广泛动员社会力量参与林业建设，不断发展森林资源，

增加森林碳吸收。加大森林资源保护力度，严厉打击各种毁林行为，减少森林碳排放。二要增强森林生态系统适应气候变化的能力。加强气候变化背景下的造林树种选择、林分结构调整、生态系统管理等研究，将适应性管理融入森林经营和野生动植物保护工作，优先保护脆弱的生态系统、种群和物种，维护森林生态系统健康。三要大力发展林业产业。积极推进木材工业“节能、降耗、减排”和木材资源高效、循环利用，大力发展木材精深加工业，合理开发利用生物质新材料新能源，增加木材及其相关产品的储碳能力。四要科学监测和预测森林碳汇变化情况。尽早制定全国森林碳汇监测技术体系，连续监测和预测全国森林碳汇变化，为国家制定应对气候变化中长期战略和参与气候变化谈判提供科学支撑。积极开展碳汇造林试点，继续完善碳汇项目相关技术标准，健全碳汇计量监测机构、人员队伍和管理体系，加强相关国际进展的跟踪研究。五要积极参与林业应对气候变化国际合作。广泛参与和影响气候变化林业议题谈判进程，力争制定与我国相对有利的国际规则。统筹国际谈判和国内工作，适时制定减少森林损毁和增加森林碳汇的国家战略并开展试点工作。积极参与国家应对气候变化立法、应对气候变化方案、可再生能源发展、低碳试点、碳交易等制度设计，争取纳入林业内容，充分体现林业在应对气候变化中的独特作用。通过亚太森林恢复和可持续管理网络等途径，积极推进林业区域合作，推动亚太或更广区域的林业共同发展。

充分发挥森林的生态功能

——学习胡锦涛主席重要讲话体会之三

国家林业局党组理论学习中心组

胡锦涛主席在首届亚太经合组织林业部长级会议上强调指出："森林是陆地生态系统的主体和维护生态安全的保障，对人类生存发展具有不可替代的作用。"这一重要论断，从人类生存发展的战略高度，科学概括了森林的特殊生态功能和重要作用，把对森林生态功能的认识提到了一个新的高度。认真学习贯彻胡锦涛主席重要讲话精神，必须深刻领会这一重要论断的深刻含义，准确把握党中央、国务院对充分发挥森林生态功能的重要要求，切实完成好维护生态安全的重大任务。

一、森林具有不可替代的生态功能，事关人类生存发展和文明的延续

森林是陆地上分布面积最大、组成结构最复杂、生物多样性最为丰富的生态系统，是陆地生态系统的主体，被誉为大自然的总调节器和"地球之肺"，维持着全球的生态平衡。森林是促进生物界与非生物界能量与物质交换的主要角色，是地球水循环和碳循环的主要载体。森林具有涵养水源、保持水土、防风固沙、抵御灾害、吸尘杀菌、净化空气、调节气温、改善气候、保护物种、保存基因、固碳释氧等多种生态功能，是维护地球生态安全的重要保障。科学家断言，如果森林从地球上消失，全球90%以上的生物将灭绝，90%的淡水将白白流入大海，生物固氮将减少90%，生物放氧将减少60%，并且还会伴生其他许许多多的生态问题，导致人类无法生存。可以说，失去森林，人类将失去生存的根基，失去未来，失去一切。

历史上，由于森林的大规模破坏，已经造成了文明的衰落和转移。古巴比伦、古埃及、古印度以及我国古黄河文明的发祥地，都曾是森林茂密、水草丰盛之地，由于森林植被的破坏，已经导致了这些灿烂文明的衰落和转移。古巴比伦文明形成于西亚肥沃的美索不达米亚平原，这一片平原发源于扎格罗斯山的两条大河，即幼发拉底河和底格里斯河。从四五千年前的巴比伦王国，直到一千多年前的阿拉伯帝国，都是以巴比伦为中心繁荣发展起来的。由于扎格罗斯山和波斯高原的森林草原被大规模破坏，造成了严重沙化，巴比伦文明也随之消失。早在一百年前，恩格斯就曾发出警告："美索不达米亚、希腊、小亚细亚以及其他各地居民，为了得到耕地，毁灭了森林，但是他们做梦也想不到，这些地方今天因此而成为不毛之地。”古埃及、古印度、古黄河文明也都衰落和消亡于大量砍伐森林之后。正如一位哲学家所言：“人类文明从砍倒第一棵树开始，到砍倒最后一棵树结束。”无数的历史事实已经给出了这个十分沉重的结论。

遗憾的是，这些警告当时并没有成为全人类的共识。森林仍遭到大量破坏，特别是最近一百多年来，随着农业革命和工业革命的兴起，森林资源遭到了更加惊人的破坏，大面积的森林从地球上消失，导致和加剧了一系列严重的生态危机。全球气候变暖日益明显，大气中的二氧化碳含量达到150多年来的最高水平。土地沙漠化不断扩展，全球沙漠化土地总面积已达到3600万平方公里，占地球陆地总面积的1/4，而且每年仍以5万~7万平方公里的速度扩展。湿地面积加速缩减，20世纪以来，全球约有一半的湿地遭到破坏、35%的红树林已经消失。水土流失十分严重，黄河、恒河、雅鲁藏布江、长江、印度河、亚马孙河、密西西比河、红河、尼罗河等16条河流，每年流失土壤表层肥土75亿多吨，相当于冲走了90万公顷农田耕作层的全部土壤。干旱缺水日益加剧，全球60%的陆地淡水资源不足，100多个国家严重缺水，1/3的人生活在中度或重度缺水环境中，15亿多人无法获得饮用水。洪涝灾害频繁发生，在各种自然灾难中，洪水造成死亡的人口占全部因自然灾害死亡人口的75%，经济损失占到40%。物种以惊人的速度从地球上消失，据生物学家统计，19世纪，地球上有2.5亿个生物种；到20世纪70年代，生物种减少到500万~3000万种，目前仍以每小时消失一个物种的速度发展，专家估计，50年后又将有100多万种陆地生物将从地球上消失。这些严重的生态危机，已成为比任何问题都难以对付的严重问题，成为人类面临的最大威胁。联合国发布的《2000年全球生态环境展望》指出：人类对木材和耕地的需求，使全球森林减少了50%，难以支撑人类文明大厦。

随着生态危机的加深，国际社会越来越深刻地认识到森林的极端重要性。1992年世界环发大会和2002年联合国可持续发展世界首脑会议，都把林业提高到了前所未有的重要地位，认为“在世界最高级会议要解决的问题中，没有任何问题比林业更重要了”。罗马俱乐部的科学家们早在1980年就呼吁：要拯救地球上的生态环境，首先要拯救地球上的森林。欧共体前主席雅克·戴路斯强调：森林是政治、经济和生态这一新思想的核心。世界观察研究所所长莱斯特·布朗说：谁在生态问题上主动采取行动，谁就能在今后的国际舞台上起领导作用。我国复旦大学张薰华教授提出，在大农业的排序中，应林字当头。他认为，农业搞不好，会饿死一些人，林业搞不好，人类生存的基础就没有了。

二、我国林业建设已经取得显著成就，但进一步提升森林生态功能的任务依然十分迫切

党中央、国务院历来十分重视林业建设，站在历史和战略的高度，从中华民族生存与发展的根本利益出发，确立了林业在贯彻可持续发展战略中的重要地位、在生态建设中的首要地位、在西部大开中的基础地位和在应对气候变化中的特殊地位，明确提出要把发展林业作为实现科学发展的重大举措、建设生态文明的首要任务、应对气候变化的战略选择和解决"三农"问题的重要途径，深入实施了天然林资源保护、退耕还林、京津风沙源治理等重点生态工程，制定了一系列强林惠林的政策措施，有力推动了我国林业发展。

目前，全国森林面积已达到 29 亿亩，比改革开放初期增加了 12 亿亩；活立木蓄积量达到 149 亿立方米，比改革开放初期增加了 47 亿立方米。我国森林资源的增长，受到了国际社会的高度评价。联合国粮农组织发布的 2010 年全球森林资源评估报告指出："进入新世纪以来，亚洲地区森林面积在上世纪 90 年代减少的情况下出现了净增长，主要归功于中国大规模植树造林。"

虽然我国森林资源实现了较快增长，但从总体上看，我国仍然是一个缺林少绿、生态脆弱的国家。我国森林覆盖率只有20.36%，排在世界第130位；人均森林面积不足世界平均水平的1/4，排在世界第134位；人均活立木蓄积量只有世界平均水平的1/7，排在世界第122位。我国是世界上土地沙化和水土流失最严重的国家之一，1/3强的陆地国土面积存在不同程度的水土流失，年均土壤侵蚀量仍高达45亿吨左右。有人把我国严重的水土流失比喻成“中华躯体的大出血！”我国水旱灾害更是频繁发生，近30年间发生的历史罕见的特大洪水灾害，造成了巨大生命财产和经济损失，给我们民族留下了永远的伤痛。目前，我国还有荒漠化、石漠化和沙化土地260多万平方公里，占国土面积27%，且主要分布在边疆地区、少数民族地区、经济贫困地区，影响着近4亿人的生产生活。我们必须大力开展造林绿化，筑牢生态屏障，决不能让子孙后代失去生存发展的空间。

三、不断扩大森林资源数量和质量，充分发挥森林的生态功能

认真贯彻落实胡锦涛主席重要讲话精神，必须深入实施以生态建设为主的林业发展战略，认真落实胡锦涛主席提出的林业“双增”要求，加快推进造林绿化步伐，着力构建以林草植被为主体的国土生态安全体系，全面提升森林的生态功能，为保障生态安全、造福子孙后代发挥不可替代的重要作用。

一是在扩大森林面积上下工夫。继续实施天然林资源保护、退耕还林、三北防护林体系建设等重点生态工程，充分发挥重点工程的带动作用。深入开展全民义务植树运动，广泛动员全社会投身林业建设，充分发挥我国人口众多的独特优势。全面推进城市森林、绿色乡村、绿色校园、绿色军营建设，充分利用一切可以绿化的土地资源。特别是要集中力量加快推进中西部地区宜林荒山荒地造林绿化进程，在部分地区组织造林绿化攻坚战，确保造林面积逐步扩大。

二是在提高森林质量上下工夫。加强良种壮苗研发繁育和推广工作，提高林木良种壮苗使用率。优化栽培技术，规范管理环节，确保种一棵、活一棵、成材一棵。加快推进森林抚育经营，争取扩大试点面积，提高补贴标准，全面提升森林质量。

三是在保护森林资源上下工夫。不断加大保护现有森林资源力度，完善林业法律法规建设，严厉打击乱砍滥伐等违法犯罪行为，提高依法治林水平。加强森林火灾、林业有害生物灾害防治工作，尽最大限度减少森林资源损失。认真落实《全国林地保护利用规划纲要(2010—2020 年)》，建立健全林地总量控制、定额管理、合理供地、节约用地、占补平衡的林地管理机制，实行用途管制和分级管理。

四是在狠抓工作落实上下工夫。认真落实《全国造林绿化规划纲要(2011—2020年)》，将造林绿化任务分解到各省区市，确保今后年度造林任务保持在8000万亩左右。严格落实人民政府任期目标管理责任制，并由同级人民代表大会及其常务委员会监督执行。全国“十二五”规划已将森林覆盖率、森林蓄积量作为约束性指标，各地也要将其列入本地规划的约束性指标，并纳入政府任期目标考核内容，切实加强检查督促。

加强森林资源培育　确保实现“双增”目标

——学习胡锦涛主席重要讲话体会之四

国家林业局党组理论学习中心组

胡锦涛主席在首届亚太经合组织林业部长级会议讲话中，系统阐述了森林在推动绿色增长中的重要功能，并明确提出：“中国将继续加快林业发展，力争到2020年森林面积比2005年增加4000万公顷、森林蓄积量比2005年增加13亿立方米，为绿色增长和可持续发展作出新的贡献。”这是胡锦涛主席再次对2020年林业“双增”目标作出重要论述，并将实现这一目标的重大意义由应对气候变化上升到了实现绿色增长和可持续发展的战略高度。胡锦涛主席的重要讲话，不仅是对国际社会郑重承诺的又一次重申，也是对今后10年我国林业建设提出的明确要求，对于树立负责任大国形象、加快造林绿化步伐、指导林业改革发展具有十分重要的意义。深入学习贯彻胡锦涛主席的重要讲话精神，必须把造林绿化和森林经营作为一项基础性工程来抓，切实加强森林资源培育，确保如期实现林业“双增”目标，为绿色增长和可持续发展奠定坚实的生态和资源基础。

一、必须充分认识加强森林资源培育的重大意义

森林资源是林业发挥多种功能的物质基础，培育森林资源是林业工作的核心任务。近年来，我国造林绿化快速推进，森林资源明显增长，但与维护生态安全、促进绿色增长的需求相比还有较大差距，必须高度重视森林资源培育工作，切实加强造林绿化和森林经营，努力提升森林资源数量和质量，确保如期实现2020年林业“双增”目标。

第一，加强森林资源培育是维护国家生态安全的根本途径。我国是一个缺林少绿、生态脆弱的国家，维护生态安全的任务十分繁重。尤其是我国西部地区，森林植被稀少，水土流失和土地沙化问题突出，严重制约着经济社会可持续发展。森林是陆地生态系统的主体，具有防风固沙、保持水土、涵养水源等多种功能，在抵御生态灾害、维护生态安全中发挥着不可替代的作用。加强造林绿化和森林经营工作，可以增加森林面积，提高森林质量，增强森林生态功能，维护国家生态安全，推动经济社会可持续发展。

第二，加强森林资源培育是应对气候变化的战略举措。森林生态系统是陆地上最大的储碳库，在应对气候变化中发挥着独特作用，具有投资少、成本低、综合效益高等优点；森林碳汇间接减排已成为国际社

会应对气候变化的广泛共识和共同行动。近年来，我国森林资源快速增长，森林植被总碳储量达78.11亿吨，为应对气候变化作出了重要贡献。目前，我国正处于工业化、城镇化的重要阶段，面临着发展经济和减少排放的双重压力。积极培育森林资源，全面增强森林碳汇功能，不仅可以有效应对气候变化，而且可以为经济发展赢得更大空间。

第三，加强森林资源培育是保障木材等林产品供给的必然选择。森林是重要而独特的战略资源，可以提供木材、木本粮油、生物质能源等多种绿色健康的林产品，既事关国家经济建设大局，又事关人民群众日常生活。目前，我国木材和其他林产品供需矛盾十分突出。“十二五”期末，我国木材需求将达到5亿立方米左右，供需缺口近2亿立方米，其他林副产品供需缺口将达3000万吨。在木材等林产品进口日益困难的情况下，必须立足国内的林地和物种资源优势，加大森林资源培育力度，全面提升木材等林产品供给能力，努力满足经济社会发展的巨大需求。

二、必须准确把握加强森林资源培育的总体要求

如期实现2020年林业“双增”目标，是各级林业部门承担的一项艰巨而紧迫的战略任务，必须科学谋划，全力推进。加强森林资源培育，要以提高造林绿化质量效益为中心，以实现森林可持续发展为目标，以转变林业发展方式为主线，以创新政策机制为动力，以实施林业重点工程为载体，以强化森林经营为重点，提高造林质量，优化森林结构，增加资源总量，着力构建稳定的森林生态系统，努力满足人们日益增长的多样化需求。力争到2020年，我国造林绿化和森林经营制度初步形成，相关标准体系基本完善，政策保障能力显著增强，基础设施明显改善，管理水平全面提高，基本建立起适应现代林业发展需要的森林资源培育格局。

按照这一总体要求，当前和今后一个时期的森林资源培育工作必须充分发挥“四大作用”，正确处理“六个关系”。发挥“四大作用”：就是要充分发挥造林绿化和森林经营在现代林业建设中的基础作用，在生态建设中的首要作用，在应对气候变化中的特殊作用，在城乡协调发展中的推动作用。处理好“六大关系”：就是要正确处理数量增长和质量提高、资源保护和开发利用、生态建设和产业发展、重点工程和面上造林、政府主导和社会参与、增加投入和深化改革的关系。

三、必须切实抓好森林资源培育的重点工作

第一，着力加强造林绿化，努力增加森林面积。按照林业发展“十二五”规划和《全国造林绿化发展规划纲要(2011—2020年)》，突出抓好天然林资源保护、退耕还林、三北防护林体系建设等重点工程，优化任务布局，突出规模治理，全面完成规划建设任务。同时，要加快经济林、速丰林、碳汇林、能源林、珍贵用材林、木本油料林等基地建设，深入开展全民义务植树运动，不断创新适龄公民尽责形式，努力提高尽责率。积极推进身边增绿，继续抓好交通运输、城市乡镇、机关学校和企事业单位等部门绿化。广泛应用造林实用技术，确保种一棵、活一棵、成材一棵。

第二，着力加强森林经营，全面提高森林质量。把森林经营工作摆上重要议事日程，统一规划布局，明确建设重点，突出规模经营。建立森林经营年度计划制度、检查验收制度和绩效考核制度，确保建设质量。抓好森林抚育补贴试点，总结先进模式，完善技术规程，扩大试点范围。加强森林经营关键政策研究，坚持森林经营与产业开发相结合，出台关于加强森林经营工作的指导意见。

第三，着力加强林业有害生物防治，有效巩固建设成果。严格落实各级政府防治责任制，兑现防治目标责任书，抓紧建立防治工作奖惩制度，确保责任落实、任务落实。加强重大林业有害生物发生与传播规律研究，重点做好松材线虫病、美国白蛾等重大有害生物防控工作，坚决遏制疫情扩散蔓延的趋势。积极开展生物防治试点，避免对生态和环境造成新的破坏。依法加大涉木市场和企业检查监督，做到疫情早发现、早处置。把林业有害生物防治工作纳入营造林全过程管理，不断优化林种树种结构，全面提升森林健康水平，切实增强森林生态系统的防虫抗病能力。

第四，着力加强制度创新，切实提升管理水平。要层层分解林业“双增”任务，认真落实领导干部造林绿化任期目标责任制，并将其作为干部考核的重要内容，认真考核，严格奖惩。按照项目管理林业工程，积极推行专业队营造林，全面落实招投标制、监理制和报账制，将任务完成情况、施工质量与资金兑现密切挂钩。建立健全工程管理办法，加强建设绩效评估，把林业工程建设纳入制度化、规范化和科学化管理轨道。加大营造林资金投入，逐步改变基础设施薄弱、执法手段落后、工作经费不足的状况，全面提升营造林管理水平，为森林资源培育提供有力保障。

大力加强林业资源保护管理

——学习胡锦涛主席重要讲话体会之五

国家林业局党组理论学习中心组

胡锦涛主席在首届亚太经合组织林业部长级会议上强调指出，要“加强森林生态系统、湿地生态系统、荒漠生态系统建设和生物多样性保护”，“创新管理模式，加强森林执法，提升森林资源数量和质量”。胡锦涛主席对我国林业资源保护管理提出的这一明确要求，进一步确定了林业建设的重要任务和职能，为我们履行好建设和保护“三个系统一个多样性”的重要职责指明了方向，对加强林业资源保护管理具有很强的针对性和指导意义。

一、我国林业资源保护管理取得了重大成效

林业作为生态建设的主体，肩负着建设和保护森林生态系统，保护和恢复湿地生态系统，治理和改善荒漠生态系统以及维护生物多样性的重要职能。“十一五”以来，在“发展现代林业、建设生态文明、推动科学发展”总体思路的指导下，各级林业部门把建设和保护“三个系统一个多样性”放在更加突出的位置，加大投入，加强管理，严格保护，把我国林业资源保护管理工作提升到了一个新水平。

一是森林资源快速增长。在我国经济高速增长巨大压力下，我国森林资源实现了持续快速增长。据第七次全国森林资源清查，全国森林覆盖率达到20.36%，比第六次清查增加了2.15个百分点；森林面积29.25亿亩，增加了3亿亩；森林蓄积量137.21亿立方米，增加了12.66亿立方米。全国森林植被总生物量达到157.72亿吨，总碳储量达到78.11亿吨，仅固碳释氧等6项服务功能年价值量达到10万亿元，森林生态功能明显增强。特别是我国林地资源得到了有效保护管理，全国林地面积达到45.57亿亩，国务院把林地保护提到了与耕地保护同等重要的位置，批复实施了《全国林地保护利用规划纲要(2010—2020年)》，为保障林业发展奠定了坚实基础。

二是湿地保护体系逐步建立。近几年来，我国把保护和恢复湿地生态系统列为生态建设的重点，进一步加大了湿地保护管理力度。到2011年，全国共建立湿地自然保护区553处，国际重要湿地41处，国家湿地公园213处，约50%的自然湿地得到有效保护，恢复湿地近120万亩，部分湿地生态状况明显改善。湿地保护管理制度逐步建立，11个省区制定了省级湿地保护条例。中央财政设立了湿地保护补助专项资金，加大了湿地保护、恢复、监测力度。《湿地公约》履约和国际合作取得良好成效，受到国际社会的高度评价。

三是沙化土地治理取得重大突破。我国颁布了世界上第一部防沙治沙法，出台了全国防沙治沙规划，按照科学防治、综合防治、依法防治的方针，加强了三北防护林体系建设，实施了京津风沙源治理、石漠化治理等重点生态工程，沙化土地面积开始缩减，总体上实现了从“沙逼人退”向“人逼沙退”的历史性转变。全国沙化土地面积由 20 世纪 90 年代后期年均扩展 3436 平方公里变为现在年均缩减 1717 平方公里，部分沙区生态状况明显改善。

四是生物多样性保护体系不断完善。我国颁布实施了野生动物保护法、野生植物保护条例、自然保护区管理条例、濒危野生动植物种进出口管理条例等法律法规，完善了生物多样性保护的政策措施，生物多样性保护体系逐步完善。全国累计建立林业自然保护区 2035 处，总面积达 18.45 亿亩，占国土面积的 12.87%，有效保护了 90% 的陆地生态系统类型、85% 的野生动物种群和 65% 的高等植物群落，大熊猫、朱鹮、扬子鳄、兰科植物等濒危物种种群得到恢复发展，为实现国家经济社会可持续发展保存了最珍贵的自然遗产。

二、加强林业资源保护管理的任务极其艰巨

学习贯彻胡锦涛主席重要讲话精神，不仅要看到我国林业资源保护管理取得的重大成效，还必须深入分析我国林业资源保护管理中存在的突出问题。从总体上看，林业资源保护管理还远不能适应维护生态安全的需要，远不能适应实现经济社会可持续发展的需要。当前，生态问题依然是制约我国可持续发展的最突出的问题之一，生态产品已成为当今社会最短缺的产品之一，生态差距已构成我国与发达国家的最主要的差距之一。加强林业资源保护管理、维护国家生态安全的任务极其艰巨。

一是发展森林资源的任务极其艰巨。我国森林覆盖率只有世界平均水平的2/3，人均森林面积不足世界人均占有量的1/4，人均森林蓄积量只有世界人均占有量的1/7。到2009年，我国木材消耗量已达4.22亿立方米，其中进口量达1.84亿立方米，对外依存度达43.6%。如果我国人均木材消费量达到世界人均水平，全国木材需求量将达到8.8亿立方米，为我国现有木材产量2.38亿立方米的3.7倍。可见，无论是维护生态安全，还是维护木材安全，发展森林资源的任务都极其艰巨。

二是保护湿地资源的任务极其艰巨。我国自然湿地面积5.43亿亩，仅占国土面积的3.77%，远低于世

界 16% 的平均水平。长期以来，我国湿地面积不断减少，湿地功能不断退化，一些地区肆意破坏湿地、征占用湿地的现象屡禁不止，保护和恢复湿地资源的任务极其艰巨。

三是治理沙化土地的任务极其艰巨。全国沙化土地面积仍有 173 万多平方公里，具有明显沙化趋势的土地有 31 万平方公里。全国可治理的沙化土地有 56 万平方公里，按照目前年均缩减 1717 平方公里的速度需要治理 326 年。特别是，目前局部地区沙化土地仍在扩展，超载放牧、盲目开垦、乱采滥挖和不合理利用水资源等人为破坏植被的行为依然严重，治理沙化土地的任务极其艰巨。

四是维护生物多样性的任务极其艰巨。我国有高等植物 3 万余种，脊椎动物 6481 种，已记述的昆虫 5. 1 万余种。目前，全国濒危和受威胁的物种总数已占高等植物和脊椎动物种类总数的 10% ~15%。随着城市化进程的加快、农业的开垦，局部地区野生动植物栖息地仍在恶化，大量物种的遗传资源不断丧失和流失，保护与开发的矛盾十分尖锐，维护生物多样性的任务极其艰巨。

三、大力加强林业资源保护管理的主要措施

学习胡锦涛主席重要讲话，要进一步深化对加强林业资源保护管理重要性的认识，加大保护管理力度，为实现人与自然和谐发展提供有力保障。目前我国工业化进程正加速推进，对资源的需求呈刚性增长，林业资源保护管理面临巨大压力。我们一定要按照胡锦涛主席的要求，加强“三个系统一个多样性”的保护和建设，不断创新管理模式，强化政府行政监管职能和公共服务职能，坚持政府主导、社会参与，坚持严格保护、合理利用，坚持统筹兼顾、协调发展，努力实现“三个系统一个多样性”综合效益的最大化。

一是进一步加强森林生态系统保护管理。要以林地林权管理为核心，强化林地林权管理、森林利用管理和森林经营管理，以及森林资源监测、监督，将森林覆盖率、林地保有量、森林蓄积量作为国民经济和社会发展约束性指标及地方政府考核指标。认真落实《全国林地保护利用规划纲要》，逐步建立全国森林资源定期普查与年度监测机制。采取有效措施，最大限度地减少林地流失，收复和恢复损毁林地。集体林区要长期稳定林地家庭承包关系，促进森林资源集约经营，不断提高森林质量。国有林区要创新森林资源管理体制，遏制森林资源超限额采伐，加强森林资源抚育经营，防止国有森林资源流失和天然林人工林化。加强林业执法和森林防火，减少资源损失。

二是进一步加强湿地生态系统保护管理。把湿地保护纳入经济社会发展规划，完善湿地保护部门协作机制，形成保护湿地资源的合力。加强湿地自然保护区和湿地公园建设，扩大保护面积，加快湿地恢复，提升湿地生态功能。正确处理湿地保护与利用的关系，积极探索湿地促进绿色增长的有效模式，引导农牧民、渔民转变生产生活方式，科学利用湿地资源，实现生态保护与农民增收平衡发展。开展湿地与气候变化、水资源安全和生物安全关系的研究，科学揭示湿地生态系统的功能和效益，增强全社会参与湿地保护的意识。

三是进一步加强荒漠生态系统保护管理。坚持植被重建与封禁保护相结合，大力推进工程治理、增加林草植被，切实加强封禁保护，强化禁樵、禁牧、禁垦“三禁”措施，促进荒漠生态系统修复与优化。坚持生态保护与经济发展相结合，既要加强荒漠化防治，又要发展特色沙产业，在治沙中治穷，在兴林中致富。坚持政府推动与市场拉动相结合，充分发挥政府的主导作用，强化地方各级政府的责任，加大政府对防治荒漠化的投入，同时充分发挥市场机制的作用，聚集全社会的力量参与荒漠化防治。

四是进一步加强生物多样性保护管理。大力推进野生动植物保护与自然保护区工程建设，继续扩大保护范围，加强野外种群保护，改善栖息地生境，消除保护盲区，提升保护区保护管理能力和水平。加强濒危物种拯救保护，积极扩大人工繁育，科学实施野外放归，进一步强化野外巡护监测。在严格保护的前提下，科学合理地利用生物多样性资源，加强宏观调控，优化资源配置，建立市场准入机制，严防资源过度消耗。强化资源状况及其变化的动态监测，确保生物多样性的可持续发展，充分发挥生物多样性在改善生态、增加资源、传承文化、发展经济等多方面的功能和效益。

全面深入集体林权制度改革

——学习胡锦涛主席重要讲话体会之六

国家林业局党组理论学习中心组

在2011年9月召开的首届亚太经合组织林业部长级会议上，胡锦涛主席强调，要深入推进集体林权制度改革，调动全社会发展林业的积极性。这一重要指示，既是中央对林业改革的最新要求，又为深入推进林业改革指明了方向。我们要深入学习、领会，深刻把握内在精髓，切实采取有效措施，把林业改革不断引向深入，动员全社会力量，投身林业建设，为实现林业“双增”目标、应对全球气候变化、增进人类福祉作出新贡献。

一、改革是林业发展的不竭动力

林业是一项重要的公益事业和基础产业，具有巨大的生态效益、经济效益和社会效益，既承担着改善生态状况、保障国土生态安全的历史重任，也承担着满足经济社会发展对林产品需求的重要使命。大力发展林业，加强生态建设，事关经济社会可持续发展，事关全面建设小康社会目标的实现，事关建设生态文明。进入新世纪以来，各级党委、政府认真实施以生态建设为主的林业发展战略，不断加大公共财政投入，着力开展工程造林和规模治理，森林资源逐年增加，生态状况不断改善，生态建设取得了举世瞩目的成就。

然而，随着经济社会发展对生态需求和木材需求的持续增长，我国森林资源不足、质量不高、生态产品和林产品短缺的问题依然突出。我国的森林覆盖率只有世界平均水平的2/3，人均占有森林面积不到世界平均水平的1/4，人均占有森林蓄积量仅相当于世界平均水平的1/7。造林良种使用率仅为51%，与林业发达国家的80%相比，还有很大差距。同时，我国具有发展林业的良好条件，全国有45.57亿亩林业用地，还有8亿亩可治理的沙地和近6亿亩湿地，三者合计是耕地面积的3倍多。18亿亩耕地解决了我国13亿人口的吃饭问题，而近60亿亩的林地、可利用沙地和湿地却没有解决我国的木材等林产品供给问题。究其原因，关键就在于林业体制机制不活，林业生产关系不能适应林业生产力的发展，全社会经营林业的积极性没有充分调动起来。改革是解放和发展林业生产力的不竭动力，是破除阻碍林业科学发展的体制和机制性障碍的必由之路，是挖掘林业自身潜力的根本途径，是贯彻落实科学发展观、建立社会主义市场经济体制、促进林业又好又快发展的内在要求。只有不断深化改革，才能解决林业发展的深层次矛盾和问题，促进各种生产要素向林业聚集；只有不断深化改革，才能激发林业发展的活力，调动全社会发展林业的积极性，形成推动林业发展的强大力量。

二、集体林权制度改革取得了重大成效

党中央、国务院高度重视林业改革，2008 年 6 月颁发了《关于全面推进集体林权制度改革的意见》，随后又召开了新中国成立以来首次中央林业工作会议，对集体林权制度改革作出了全面部署。各级地方党委、政府认真贯彻落实中央林业工作会议精神，把集体林权制度改革作为推动科学发展的重大举措、建设生态文明的首要任务、应对气候变化的战略选择、破解“三农”问题的重要途径，摆上了战略位置，坚持五级书记抓林改；各有关部门认真落实扶持林业发展的政策措施，积极主动支持林改；各级林业部门加强工作指导和宣传培训，全力服务林改；广大基层干部和农民群众衷心拥护、积极参与林改，全国集体林权制度改革平稳、顺利、扎实推进，取得了重大成效。

截至 2011 年 8 月，全国已有 25 个省区市基本完成明晰产权、承包到户的改革任务，集体林地确权面积已达到 25.24 亿亩，占集体林地总面积的 92.23%；发证面积达到 21.70 亿亩，占确权林地面积的 85.95%，全国已有 8222.25 万农户获得了林权证。同时，扶持

林业发展的政策措施不断完善，森林生态效益补偿面积扩大、标准提高，良种补贴、造林补贴、抚育补贴、林机具补贴等公共财政扶持政策相继出台，林权抵押贷款、森林保险健康推进，农民林业专业合作经济组织迅速发展壮大，总数已达10万多个，县级以上林权管理服务机构达到近1000家。随着集体林权制度改革的不断深入，改革的综合效益日益明显。改革前，一些地区免费送树苗上门也没人种；改革后，农民主动花钱买树苗造林，各地造林面积大幅度增加。福建省连续5年造林突破200万亩，为改革前年均造林的2倍。重庆市2009年造林798万亩，超过前10年的总和。山西省近5年森林面积由1700万亩增加到3400万亩，人均森林面积由0.5亩增加到1亩。农民精心抚育经营森林，把树当菜种，把山当田耕，积极发展林下经济等林业特色产业，森林质量明显提升，生态功能不断增强，林地产出率显著提高。全国林地直接产出率由2003年的84元/亩提高到2011年的260元/亩。集体林权制度改革有效地促进了农民就业增收，辽宁省本溪市农民大力发展林下种植业和林下养殖业，形成了山上种树、林中放蜂、林下种参、参里养蛙的立体经营模式，全市出现10万元户1.6万户、百万元户3000多户、千万元户120户、亿元户3户，走出了一条不离乡、能就业，不砍树、能致富的发展之路。新疆维吾尔自治区若羌县2001年农民人均收入只有2216元，2010年仅红枣收入一项就超过3万元，增长了10倍多。

实践证明，集体林权制度改革实现了“山定权、树定根、人定心”，极大地解放了27亿亩集体林地的生产力，取得了“生态受保护、农民得实惠”的双赢，得到了社会各界的广泛赞誉。同时，集体林权制度改革还深化了我们对林业改革规律的认识，为国有林场和重点国有林区改革提供了有益借鉴。

三、当前深化集体林权制度改革的重点

深入推进集体林权制度改革，是一项长期而艰巨的任务。下一步应当把改革重点由调整人与地、人与林的关系转移到调整所有者与所有者、所有者与政府的关系上来，进一步创新机制，集中力量重点突破，抓住发展林下经济和扶持林业专业合作组织两个关键，搞好技术、资金、市场3项服务，力争在短期内取得更大的综合效益。当前要抓好以下4项重点工作。

一是加强林权管理，保障农民权益。牢牢把握落实林地承包经营权这一关键，稳定林地家庭承包关系，不断深化改革。建立健全林权动态登记、档案管理、承包合同管理、林权纠纷调解仲裁等制度，大力推进林权管理服务机构建设，建立健全产权交易服务平台，规范林木和林地经营权流转。鼓励农民以森林资源为资本与龙头企业合作经营，盘活森林资源，增加农民的财产性收入。加快完善森林资源资产评估管理办法，规范森林资源资产评估行为，保障公平交易，维护农民合法权益。

二是创新政策机制，全面放活经营。健全完善林业公共财政制度，逐步提高森林生态效益补偿标准，完善造林、抚育、保护、管理投入补贴制度，进一步落实森林防火、有害生物防治、林木良种补贴政策，以及木本粮油、生物质能源林、珍贵树种及大径材培育扶持政策。健全完善农民经营林业的自我发展机制，完善林权抵押贷款管理办法，健全森林保险机制，引导金融资本和社会资本大规模流向林业，不断增强林业发展的活力。

三是加快职能转变，提升服务水平。各级政府林业主管部门和基层林业工作站都要转变职能，着力强化服务意识、提升服务质量，重点加强技术服务、市场服务和信息服务，为林农发展林业提供技术支撑、方便条件。要充分发挥国有林场在良种培育、丰产栽培、森林经营等方面的技术优势，开展技术指导、技术培训、示范服务，带动周边林农科学经营森林。进一步完善林木采伐管理机制，让农民在森林经营中获得应有的利益，进一步激发农民经营培育森林的积极性。大力发展农民林业专业合作组织，解决好林地承包到户后一家一户解决不了、解决不好的困难和问题，加强对农民林业专业合作组织的指导、协调和服务，落实财政支持、税费优惠和金融扶持政策，使农民林业专业合作组织不断发展壮大，逐步成为农村现代林业建设的重要力量。

四是发展林下经济，增加农民收入。发展林下经济是实现农民增收、林业增效的突破口。各地要立足资源优势，突出特色，大力发展林下种植、林下养殖、采集加工和森林景观利用等产业，实现长中短有机结合、上中下综合利用、林农牧复合经营，提高林地综合利用率和产出率，把生态优势转化为经济优势，为农民就业增收拓展新的空间。发挥林业龙头企业的作用，推广“公司 + 合作组织 + 基地 + 农户”经营模式，提高林业经营的组织化程度，实现林下经济的规模化、集约化、科学化、市场化经营。

大力发展木本粮油和生物质能源

——学习胡锦涛主席重要讲话体会之七

国家林业局党组理论学习中心组

胡锦涛主席在首届亚太经合组织林业部长级会议上指出："要挖掘林业潜力，发展木本粮油和生物质能源，维护粮油安全和能源安全。"这是新形势下党中央对我国林业建设提出的新要求，是新时期经济社会发展赋予林业的新使命。林业不仅要保障我国的生态安全，也必须为维护我国粮油安全和能源安全作出更大的贡献。

一、发展木本粮油和生物质能源的重大战略意义

学习胡锦涛主席重要讲话，必须充分认识发展木本粮油和生物质能源，对维护我国粮油安全、能源安全、促进经济社会可持续发展具有重大战略意义。

（一）发展木本粮油和生物质能源，是维护国家粮油安全和能源安全的迫切需要。进入新世纪以来，我国经济社会发生了重大而深刻的变化，工业化、城市化快速推进，经济总量迅猛增长，综合国力日益增强，人民生活水平明显提高，对粮食和食用植物油、能源的需求呈刚性持续增长。粮油和能源的供需矛盾越来越突出，对外依存度高，均突破了安全预警线。

从粮油安全来看，我国每年消费食用植物油 2300 多万吨，大部分依靠进口。2010 年，我国进口大豆 5480 万吨、食用植物油 687 万吨，是世界排名第二的大豆进口国，食用植物油对外依存度达 65% 左右，对我国食用植物油安全构成了严重威胁，也对我国粮食安全敲响了警钟。2010 年，我国进口原油 23931 万吨、成品油 3688 万吨，是世界排名第二的石油进口国，石油对外依存度约 55%，国家能源安全形势日趋严峻。林业是重要的公益事业，也是重要的基础产业，进一步开发林业的多种功能，发挥林业的潜力和优势，大力发展木本粮油和生物质能源，既是维护国家粮油安全、能源安全的迫切需要，也是现代林业建设的目标之一，对促进我国经济社会可持续发展具有十分重要的战略意义。

（二）发展木本粮油和生物质能源，是推动绿色增长的战略选择。胡锦涛主席在首届亚太经合组织林业部长级会议上指出："森林是重要而独特的战略资源，具有可再生性、多样性、多功能性，承载着潜力巨大的生态产业、可循环的林产工业、内容丰富的生物产业。"森林是重要的生物质能源，就其能源当量而言，是仅次于煤炭、石油、天然气的第四大能源。生物燃油不含硫，不会造成酸雨，是一种绿色、清洁、可再生的环保型能源。我国正处于经济发展与自然资源供给矛盾最为尖锐的历史时期，自然资源和生态环境对13亿人口和我国经济社会高速发展的支撑已接近极限。面对日趋强化的资源环境约束，国家正在大力推进经济结构战略性调整和转变发展方式，林业作为循环经济、绿色经济和低碳经济的复合体，在推动绿色增长中具有得天独厚的优势，是实现和推动绿色增长的战略选择。

（三）发展木本粮油和生物质能源，是促进农民就业增收的有效途径。我国山区占国土总面积的69%，山区人口占全国总人口的56%，这些地区贫困人口相对集中，经济社会发展相对滞后，民生问题十分突出。我国农村劳动力资源特别丰富，就业形势相当严峻。依托山区丰富的林地资源和森林资源，充分挖掘林地潜力，大力推进木本粮油和生物质能源产业发展，可为农民提供大量的就业机会，这对于调整农村产业结构、加快山区经济发展、缓解农村社会就业矛盾、促进农民增收具有重要意义。

（四）发展木本粮油和生物质能源，是推动林业发展方式转变的重要举措。坚持科学发展，加快转变发展方式是决定我国现代化前途命运的重大抉择、必由之路。从我国林业发展的阶段性特征来看，迫切需要加快转变发展方式，从粗放型增长方式向质量效益型发展方式转变，从以单一功能为主向以发挥林业多功能为主转变。推动木本粮油和生物质能源产业科学发展，有利于提高单位面积林地产出率，不断提升发展水平，让农民深切感受到发展前景，得到实实在在的利益，自觉投身到现代林业建设的实践当中，进一步推动林业发展方式的转变。

二、发展木本粮油和生物质能源的巨大潜力

学习胡锦涛主席重要讲话精神，要进一步认识发展木本粮油和生物质能源的巨大潜力，努力改善和优化我国的食物和能源结构。

（一）资源潜力巨大。木本粮油和生物质能源是我国林业资源的重要组成部分。全国主要木本粮油树种种植面积约1.43亿亩，木本油料树种有200多种、木本粮食树种100多种，高含油量并适合规模化培育生物质能源的树种有近百种。我国还有4400多万公顷宜林荒山荒地和近1亿公顷的沙地、盐碱地以及矿山复垦地等边际土地资源，其中有很大一部分可用来发展木本粮油和生物质能源，不仅具有发展木本粮油和生物质能源的巨大潜力，还有不与农争地、不与人争粮的特点和优势。

（二）市场前景广阔。随着人民生活水平的提高和消费结构的升级，对营养和健康的需求也越来越旺盛，

油茶、核桃等木本油料以及板栗、大枣等木本粮食以绿色健康的优良品质越来越赢得人们的喜爱，成为改善膳食结构和提高健康水平的高档食品。全球能源供需平衡关系脆弱，石油市场波动频繁，国际油价居高不下，供求矛盾将长期存在。

在全球应对气候变化的大背景下，生物质能源以可再生、环保、低碳的优越性，已成为各国新能源开发的重点。据联合国粮农组织研究，到本世纪中叶，生物质能源将占全球总能耗的50%以上，生物柴油开发、木质固体成型燃料加工、木质燃料发电等开发利用技术已初步具备，生物质能源市场应用的广阔前景日益凸显。

（三）生产能力可观。据预测，到2020年我国人均年消费食用植物油将达到20公斤，年消费总量将达2900多万吨。根据《全国油茶产业发展规划》，到2020年油茶林基地面积将达到7000万亩，新造油茶林进入丰产期后茶油产量将达到250万吨，占年消费总量的8%，如果届时自给率提高到50%，仅茶油的产量就可占国内植物油总产量的17%。从生物质能源产业发展来看，小桐子、黄连木、光皮树种子转换生物柴油技术已比较成熟，以枝桠材、灌木平茬物等为主要原料的生物质发电迅速发展，林木生物质成型燃料研发生产方面也取得了一些成果。我国每年有可能源化利用的森林采伐和木材加工废弃物3.5亿多吨，如果全部利用，可替代约2.3亿吨标准煤；现有7个木本油料能源树种果实可加工生物柴油40余万吨，前不久飞机使用我国生物航空油料试飞已获成功；还有大量的木本淀粉资源可用来生产燃料乙醇，在已有基础上大力推进生物质能源林培育，依靠科技进步，提高转化利用率，将在很大程度上改善我国能源结构，减轻对化石能源的依赖。

三、发展木本粮油和生物质能源的主要措施

学习胡锦涛主席重要讲话，关键是要切实抓好落实，着力推动木本粮油和生物质能源产业科学有序发展。

（一）科学规划布局。2009年国务院批准了《全国油茶产业发展规划》，国家林业局和油茶产区各级林业部门认真贯彻落实规划，油茶产业发展取得了突破性进展。近期，木本食用油重点是抓好油茶和核桃，同时加快北方地区发展长柄扁桃的开发研究。目前，国家林业局正在组织编制《全国林业生物质能源发展规划》，力求遵循自然规律和经济规律，深入研究重大问题，找准薄弱环节和突出矛盾，因地制宜优化发展布局，增强规划的战略性、指导性和针对性，科学设定发展目标，系统谋划重点任务和重大举措，切实增强规划的实施性和可操作性。

（二）加快良种选育。良种是高效林业发展的基础和前提。目前，良种选育的推广还是薄弱环节，我们要紧紧围绕木本粮油和生物质能源产业发展对良种壮苗的需求，强化科技支撑，安排重大科研课题，组织研究攻关，大力开展林木良种选育，尽快培育出一批高产、优质的优良品种。加强良种推广体系建设，制定科学完善的技术标准和规程，开发出门类更多并适应市场需求的新产品，为提升产业发展整体水平、提高综合经济效益提供可靠的技术支撑。

（三）创新发展机制。按照现代产业发展的规律和要求，坚持龙头企业带动，鼓励和支持“公司＋基地＋农户”、“公司＋专业合作组织＋农户”等经营形式，走规模化、集约化发展道路，实行品种化栽培、规模化生产、标准化管理、集约化经营，提高木本粮油和生物质能源产业发展的社会化和组织化程度，实现千家万户与千变万化的市场有效对接，增强抗御自然风险和市场风险能力，着力创新合作模式，努力提高规模效益。

（四）加强政策扶持。木本粮油和生物质能源产业涵盖种植、加工、销售等多个领域，产业链条长，涉及面广，特别是产业发展的前期投入大，需要在 4 个方面加大扶持力度。

一是要整合现有资金渠道，提高资金使用效益。

例如，整合工程造林资金、中央财政森林抚育补贴、造林补贴和林木良种补贴、农业综合开发等资金，按规划要求大力促进木本粮油和能源林发展，加强对现有林的抚育和改造，2010 年财政部和各地整合涉农资金达 40 多亿元，效果很好。

二是要努力争取和扩大专项资金规模，支持木本油料和能源林的发展，特别是油茶资金要在目前每年 2 亿元的基础上进一步增加。

三是要鼓励和引导社会资本进入木本粮油和生物质能源产业领域，建立企业的原料林基地，给企业以资金和政策支持，提高产业发展的规模化、组织化程度，加快提升产业化水平。

四是要鼓励金融资本进入，积极争取将木本粮油和生物质能源产业发展作为林业贴息贷款的支持重点，加大贷款贴息力度，完善贴息政策；鼓励金融机构开发适合产业特点的多种信贷融资业务。

为大力繁荣生态文化作出新贡献

——学习胡锦涛主席重要讲话体会之八

国家林业局党组理论学习中心组

胡锦涛主席在首届亚太经合组织林业部长级会议上指出，要发挥森林多种功能，妥善处理发展和保护、产业和生态的关系，充分发挥森林在经济、社会、生态、文化等方面的多种效益，实现平衡发展。这一重要论述深刻阐述了森林功能新的定位，明确赋予了林业新的职能和任务，丰富拓展了我们对林业地位作用的认识，加速提升了我们对林业文化功能的理解，为我们构建繁荣的生态文化体系提供了行动指南。

当今社会，人类在取得前所未有的辉煌成就、创造巨大的物质文化财富、推动社会进步与发展的同时，也遭遇了前所未有的生态危机。无节制地开发利用自然资源，大规模地污染破坏生存环境，以及由此带来的气候变化、土地退化、生物多样性锐减等一系列生态问题，已经严重影响了当代人和后代人的生存与发展，迫使人们开始对工业文明进行深刻的文化反思和新的文明抉择。世界著名生态和社会学家唐纳德·沃斯特指出："我们今天所面临的全球性生态危机，起因不在于生态系统本身，而在于我们的文化系统。要渡过这一危机，必须尽可能清楚地理解我们的文化对自然的影响。"罗马俱乐部的创始人贝切利指出："人类创造了技术圈，入侵生物圈，进行过多的榨取，从而破坏了人类自己明天的生活基础。因此，如果我们想自救的话，只有进行文化价值观念的革命。"这说明，只有从更深的思想文化层面解决问题，树立起人与自然和谐的价值观，才能从根本上消除生态危机。党的十七大作出了建设生态文明的重大战略决策，明确要求在全社会牢固树立生态文明观念。林业是生态文化的主要源泉和重要阵地，生态文化是弘扬生态文明的先进文化，是建设生态文明的文化基础。大力繁荣生态文化对于推动生态文明建设，实现绿色增长，具有十分重要的战略意义。

生态文化是中华传统文化精髓的集中体现，具有广泛的社会基础，已成为建设生态文明的时代选择。生态文化是人与自然和谐相处、共存共荣的文化，与中国传统文化的精神内涵基本一致。儒家主张"天人合一"，肯定天地万物的内在价值，主张以仁爱之心对待自然，体现了以人为本的价值取向和人文精神。正如《中庸》里说："能尽人之性，则能尽物之性；能尽物之性，则可以赞天地之化育；可以赞天地之化育，则可以与天地参矣。”道家奉行“道法自然”，强调人以崇尚自然、效法天地作为行为的基本准则的同时，还强调人必须顺应自然，达到“天地与我并生，而万物与我为一”的境界。庄子把一种物中有我，我中有物，物我合一的境界称为“物化”，实质是主客体的相融。佛家认为万物是佛性的统一，众生平等，万物皆有生存的权利。几千年来，这些传统文化影响了中国一代又一代的读书阶层，深深植根于广大人民群众之中，成为中华民族宝贵的精神财富，成为中华文化永恒的价值追求。在推进生态文明建设的历史进程中，我们必须从中华传统文化中汲取智慧和营养，让她的精髓发扬光大，成为我们超越工业文明、建设生态文明的文化基础。实践表明，大力弘扬生态文化，能够引导广大社会公众逐步树立生态价值观、生态道德观和生态消费观，使人与自然和谐的生态文明理念深入人心；能够引导各级政府逐步树立改善生态状况、推进生态文明建设的自觉意识，使“生态立省”、“生态立市”成为各级地方政府的执政理念；能够引导各类企业和社会团体逐步树立建设资源节约型、环境友好型社会的发展理念，使保护森林、改善生态成为全社会的共识，进而推动生态文明建设不断向纵深发展。

生态文化是先进文化的重要组成部分，具有光明的发展前景，已成为推动科学发展的迫切要求。生态文化作为人与自然和谐统一关系的重要载体，体现了广大人民群众的根本利益和共同愿望，顺应了经济社会发展的客观规律和总体趋势，反映了社会主义文化建设的根本要求和前进方向，是凝聚各方共识、激励各方力量推动科学发展的重要支撑。首先，大力繁荣生态文化，倡导生态文明理念，推动了全社会生产方式和生活方式的转变，促进了经济社会绿色增长，使更多的人民群众分享到改革开放成果。其次，大力繁荣生态文化，创作更多“贴近实际、贴近生活、贴近群众”的优秀生态文艺作品，普及生态知识，丰富了人们的精神世界，转变了人们的思想观念，满足了人民群众日益增长的精神文化需求，提高了社会公众的文明素质，有利于人的全面发展，把“以人为本”落到实处。再次，大力繁荣生态文化，以森林、湿地、荒漠和生物多样性为载体发展和壮大生态文化产业，激发了山区林区发展的巨大潜力，带动了亿万农民增收致富，成为许多地方区域经济发展支柱，促进了城乡统筹发展。

生态文化是现代林业建设的主要内容，具有广阔的发展空间，已成为林业改革发展的重要支撑。2007年国家林业局党组在准确把握林业发展规律，总结林业发展经验，深入分析林业发展形势的基础上，首次提出构建繁荣的生态文化体系，使其与完备的林业生态体系和发达的林业产业体系共同构成现代林业建设的“三驾马车”。生态文化是现代林业建设的主要内容，也是林业竞争力的重要标志，根植于我国林业改革发展的伟大实践，是推动我国林业改革发展的精神动力。

通过生态文化建设，一方面，激发了全体务林人改革创新的积极性，有效破解了长期以来严重制约林业改革发展的体制机制障碍，推动了有利于生态建设和林业发展重大政策措施的出台，解放和发展了林业生产力，使林业改革成为全国经济体制改革的一大亮点。另一方面，创造了良好的舆论和政治氛围，吸引更多的目光关注林业，凝聚更多的力量建设林业，吸纳更多的资金投入林业，形成了全国动员、全民动手、全社会办林业的局面，促进了林业各项事业又好又快发展。

生态文化建设源于人民创造，根植于林业伟大实践，具有鲜明的时代特征。当前，我国生态文化建设面临千载难逢的机遇。我们要以贯彻落实胡锦涛主席在首届亚太经合组织林业部长级会议上的重要讲话精神为动力，按照中央关于深化文化体制改革、推动社会主义文化大发展大繁荣的决策部署，把大力繁荣生态文化作为全局性和战略性的重大任务，放在林业工作全局中来谋划、来安排，全面推进生态文化体系建设不断迈上新台阶，为发展现代林业、建设生态文明、推动科学发展提供强有力的精神动力、智力支撑和思想保证，为提高中华民族的文化自觉和自信作出新贡献。

一是加强生态文化基础设施建设，在总结经验的基础上建设一批生态文化(文明)教育基地，加快森林城市建设步伐，逐步完善标本馆、文化馆、博物馆等生态文化场馆，使之成为国民享受生态文化、增强文明意识的主阵地。

二是加快生态文化产业发展，把生态文化产业作为林业转变经济发展方式的突破口，纳入产业发展总体规划，加强政策引导，扶持森林旅游、花木园艺、木质雕刻、竹藤工艺、生态影视等主导产业快速发展，优化产业布局，扩大产业规模，吸引社会资本以多种形式投资生态文化产业。

三是创新生态文化传播手段，改进传播形式，注重传播效果，把思想性、艺术性和观赏性有机统一起来，做到让人民群众喜闻乐见，增强生态文化传播的感染力、影响力和辐射力。

四是开展生态文化建设重大理论和实践课题研究，拓展研究领域，深化研究内容，推进生态文化建设基本内涵、历史发展、评价指标、主要目标等方面的综合研究，增强对生态文化建设的规律性认识，提升生态文化建设的科学化水平。

五是加强生态文化管理机构建设，建立健全生态文艺创作、理论研究组织和激励机制，广泛开展形式多样的培训交流活动，逐步建立科学合理的人才形成机制，为大力繁荣生态文化提供强大的人才支撑。

努力把林业办成富民富国的大产业

——学习胡锦涛主席重要讲话体会之九

国家林业局党组理论学习中心组

胡锦涛主席在首届亚太经合组织林业部长级会议上，提出了“发展林业产业，壮大绿色经济”的重要命题。这是党中央站在维护全球生态安全和国家经济社会可持续发展的战略高度，对林业发展提出的新要求，对林业产业发展寄予的新期望。我们一定要深刻领会，认真落实，努力把林业办成富民富国的大产业。

一、充分认识林业产业的特点和优势

学习胡锦涛主席的重要讲话，我们必须充分认识林业产业具有的特点和优势。

（一）林业产业是生态产业。森林是陆地生态系统的主体。以森林为依托的林业产业，涉及国民经济一、二、三产业多个门类，是一个涵盖范围广、产业链条长、产品种类多的复合产业群体。大力发展以培育森林资源为主的第一产业，能够扩大森林资源，增加生态产品，满足人们的生态需求。以森林资源为原料的第二产业，是森林资源培育向加工业的延续，加工产品具有可降解性，不仅能够提高森林资源综合利用率和附加值，满足人们对林产品的刚性需求，而且能够拉动森林培育业的发展，实现越采越多、越采越好，其生态性也十分明显。以良好的生态环境和典型的森林景观为依托的第三产业，更是名副其实的生态产业。在生态产品十分短缺的大背景下，在人们热爱自然、亲近自然、回归自然、崇尚绿色的新趋势下，林业产业展现了其他产业无法比拟的市场空间和独特优势。

（二）林业产业是碳汇产业。森林通过光合作用，吸收二氧化碳，放出氧气，被公认为陆地上最经济的“吸碳器”和最大的“储碳库”。科学研究表明：森林每生长 1 立方米蓄积量，平均可吸收 1.83 吨二氧化碳，释放 1.62 吨氧气。据联合国气候变化专门委员会估算，全球陆地生态系统约储存了 2.48 万亿吨碳，其中 1.15 万亿吨储存在森林生态系统中。同时，木制品也具有很强的储碳能力和直接减排功能。据日本《木材工业》报道，全球木制品碳储量每年约增加 6000 万吨。据国际能源机构测算，木结构单位能耗仅相当于钢筋混凝土结构的 1/8。森林以其巨大的吸收、储存和替代功能被确认为减排二氧化碳、减缓全球气候变化成本最低、综合效益最大的主要途径，纳入了国际规则并成为发达国家的通行做法。可见，林业产业是减排产业、碳汇产业，可以为节能减排、应对气候变化发挥特殊作用。

（三）林业产业是循环产业。森林是陆地上面积最大、结构最复杂、生物量最大、初级生产力最高的生态系统，以森林资源为依托的林业产业是全球利用太阳能、利用土地资源、生产生物量及林产品的规模最大的循环经济体。森林作为四大重要原材料之一，与钢材、水泥和塑料相比具有可再生、可降解、可循环利用的独特优势。煤炭、石油的加工副产品塑料袋，已成为严重的白色污染，被各国限制使用，而木材加工制成的纸袋、纸饭盒等可降解、可回收、可循环利用，受到了人们的青睐。发展林业产业，已成为发展循环产业、促进绿色增长、壮大绿色经济的重要途径。

（四）林业产业是生物产业。森林是一个巨大的生物库、基因库、资源库和能源库。在森林中栖息着地球陆地上一半以上的生物物种，为发展生物产业提供了重要基础。随着生物技术革命的产生和发展，生物质能源、生物质材料、生物制药已成为具有强大生命力的战略性新兴产业，成为继信息产业之后新的经济增长点和未来国际竞争的战略制高点。可以毫不夸张地说，“一个基因可以影响一个国家的兴衰，一个物种可以左右一个国家的经济命脉”。生物物种资源的拥有和开发利用程度已成为衡量一个国家综合国力和可持续发展能力的重要指标之一。

二、大力发掘林业产业的巨大潜力

学习胡锦涛主席的重要讲话，我们必须大力发掘林业产业的巨大潜力。经过多年努力，我国林业产业取得了长足发展。特别是近几年来，我国林业产业发展呈现出强劲的增长势头。2005 年，全国林业总产值跨上 8000 亿元台阶，达到 8458 亿元；2006 年跨上 1 万亿元台阶，达到 1.07 万亿元；2010 年跨上 2 万亿元台阶，达到 2.28 万亿元；2011 年，又上升到 2.83 万亿元。从总体上看，林业产业发展仍然有着巨大的潜力。

一是林地资源潜力。土地是财富之母。我国有林业用地 45.6 亿亩，乔木林每公顷蓄积量为 85.88 立方米，仅为世界平均水平的 65.56%；人工乔木林每公顷蓄积量为 49.01 立方米，而林业发达国家高达 200 ~ 360 立方米，提高森林蓄积量的潜力巨大。目前，我国林地产出每亩每年仅为 262 元，远低于耕地每亩每年 1000 元的水平，如果通过加强投入和管理，把 45.6 亿亩林地的单位产出提高到耕地水平，每年可创造近 5 万亿元的物质财富。此外，我国还有 8 亿亩可治理的沙地和近 6 亿亩湿地，三者合计相当于我国耕地总面积的 3 倍多，开发利用潜力巨大，前景十分广阔。

二是物种资源潜力。我国有木本植物 8000 多种、陆生野生动物 2400 多种、野生植物 3 万多种。以现在的认知水平，我国具有较高经济价值的树种就有 1000

多个。一个物种一旦得到开发，就可以形成一个大产业，产生出惊人的经济效益。从银杏叶中提取的治疗心脑血管疾病的黄酮，每公斤售价达到3000多元；从红豆杉中提取的抗癌药紫杉醇，国际市场上每公斤售价在40万美元以上，其价值远远超过黄金，依托这2个树种，我国已经形成了银杏和红豆杉两大产业。还有，我国花卉资源开发利用年产值已达800亿元，竹资源开发利用年产值达到1000亿元。科学家评估，我国生物多样性价值达到7万亿元以上。

三是市场需求潜力。美国3亿人口，年消耗木材5亿立方米。我国13亿人口，年消耗木材4.2亿立方米，人均只有0.3立方米，远低于世界人均消费量0.68立方米的水平。我国要达到世界人均木材消费水平，每年需生产木材8.8亿立方米。从国际市场看，全球森林资源越来越少，木材消费量却越来越大。从长远看，必须立足国内资源来解决木材供需缺口。这对我国林业发展提出了更高的要求，也为我国林业发展提供了巨大的市场。

四是劳动力资源潜力。我国农村有9亿户籍人口，除去2亿多进城务工人口，大约有6亿多人在农村生活。林业作为劳动密集型产业，是农民最容易、最直接、最可靠的就业方式之一。集体林权制度改革后，为亿万林农提供了就业机会和创业平台。随着林下经济、森林旅游等林业特色产业的深度开发，林业对劳动力的需求将越来越大，为释放27亿亩集体林地和数亿农村劳动力的潜能提供了广阔的空间。

三、为林业产业发展创造良好的条件

学习胡锦涛主席的重要讲话精神，我们必须立足我国国情林情，以深化改革为动力，以完善政策为保障，以科技创新为突破口，以提高市场竞争力为导向，为林业产业发展创造更好的条件。

一是深化林业改革，不断创新林业产业发展的体制机制。要按照中央的决策部署，着力深化集体林权制度改革，把重点调整人与地、人与林的关系转移到重点调整所有者与所有者、所有者与政府的关系上来，不断创新机制，转变政府职能，培育市场主体，规范市场行为，加强合作组织建设，健全促进林业集约化、规模化、科学化经营的良性运转机制。同时，稳步推进国有林场改革和国有林区改革，逐步形成有利于促进资源增长、林业增效、职工增收、生态良好、林区和谐的体制机制。

二是完善政策措施，不断加大对林业产业发展的扶持力度。进一步完善林木良种、造林、森林抚育补贴政策，提高补贴标准，扩大补贴范围，健全覆盖林业生产全过程和所有经营主体的扶持政策，为林业第一产业的发展提供有力支撑。进一步完善林业金融、税收扶持政策，加快建立森林保险制度，提高林业产业的抗风险能力；减轻林业税费负担，促进各种生产要素进入林业；大力推进林权抵押贷款，引导金融资本大规模流向林业，全面激发林业产业发展的活力。

三是加强科技支撑，不断提升林业产业发展的质量效益。要紧紧围绕林业十大主导产业，开展科技攻关和技术创新，在关键技术和难题上取得突破，为林业主导产业的发展提供科技支撑。建立健全以企业为主体的林业科技创新平台，支持有实力的企业与高等院校、科研院所开展科技合作，组建林业产业技术创新战略联盟，全面提升林业企业自主创新能力，推动林业产业转型升级。大力推广林业先进适用技术，全面提升林业产业发展的质量效益。

四是健全服务体系，不断改善林业产业发展的环境条件。建立高效的林业行政管理服务机制，简化审批手续和环节，提升行政服务效能。健全林业社会化服务体系，大力发展各类专业合作社、行业协会、中介服务机构，提高林业产业发展的组织化程度。加强林产品市场研究，健全林产品市场流通体系，建立林产品信息预测预警系统和信息发布平台，有效应对市场变化。充分发挥林业产业协会在组织应对反倾销、反补贴等国际贸易摩擦中的重要作用，为林业企业“走出去”和提升产业国际竞争力提供良好的服务。

健全林业政策保障和投入机制

——学习胡锦涛主席重要讲话体会之十

国家林业局党组理论学习中心组

胡锦涛主席在首届亚太经合组织林业部长级会议上针对亚太区域林业发展与合作强调指出，“应该把林业发展纳入经济社会发展总体布局，完善林业政策，增加资金投入”。这既是中国政府为维护全球生态安全发出的新倡议，也是中央对各级政府提出的新要求，充分体现了党中央、国务院对林业建设的特别重视，必将为健全现代林业发展长效机制产生重大的推动作用。

一、充分认识“完善林业政策，增加资金投入”的重大意义

学习胡锦涛主席重要讲话，必须充分认识“完善林业政策，增加资金投入”的重大意义。

（一）“完善林业政策，增加资金投入”，就是支持绿色发展。绿色发展是资源节约、环境友好、人与自然和谐的科学发展方式，是抢占国际竞争和赢得未来发展空间的战略制高点，已经成为世界经济社会发展的趋势和潮流。当前，我国工业化、城市化深入推进，自然资源过度利用、水土流失、大气污染、土地荒漠化、湿地破坏等一些不科学、不可持续的问题十分突出，特别是应对气候变化已成为国际社会特别关注的焦点。林业是循环经济、绿色经济和低碳经济的复合体，是应对气候变化的主要途径。完善林业政策，增加资金投入，就是要形成支持林业发展的长效机制，提升生态承载能力和经济社会可持续发展的能力，为推动绿色发展、应对气候变化作出更大贡献，为我国经济发展赢得更大空间。

（二）“完善林业政策，增加资金投入”，就是加强公共服务。林业是重要的基础产业和具有特殊功能的公益事业，维系着生态安全、气候安全、木材安全、物种安全、粮食安全和能源安全，具有巨大的生态、经济、社会、碳汇和文化功能，林业提供的生态产品、物质产品、精神产品和众多的社会就业岗位，都是公共服务的重要内容。完善林业政策，增加资金投入，推动林业大发展，必将进一步增强林业特有的生态、经济、社会、碳汇和文化功能，为全社会提供最基本最重要的公共服务。

（三）“完善林业政策，增加资金投入”，就是改善民生。兴林富民、改善民生是林业发展的根本出发点和落脚点。林业涉及范围广、产业链条长、市场空间大，关系数亿农民的生产生活。而农民又是我国最大的低收入群体，是改善民生的重点和难点，也是拉动消费的潜力所在。完善林业政策，增加资金投入，必将为数亿农民创业致富创造有利条件，让农民从发展林业中得到实实在在的实惠和利益，大幅度增加农民的可支配收入，从而有效扩大内需，推动国家经济结构的战略性调整。

二、深入分析建立林业政策保障和投入机制的成效和问题

学习胡锦涛主席的重要讲话，必须深入分析建立林业政策保障和投入机制的成效和问题。近几年来，在党中央、国务院的高度重视下，在中央有关部门的大力支持下，随着集体林权制度改革的深入和生态建设的全面推进，各项强林惠林政策密集出台，扶持林业发展的财政、税收、金融政策体系框架已初步建立。

一是林业公共财政政策体系框架基本形成。“三个生态系统建设”和“一个多样性保护”已基本纳入公共财政支持范围，特别是森林生态系统的建设和保护，从种苗、造林，到抚育、保护、管理每个环节都设计了财政补贴机制，初步建立了林业公共财政政策体系框架。同时，退耕还林政策的完善，天然林资源保护工程二期的实施，森林生态效益补偿和中央造林投资补助标准的提高，以及国家级自然保护区、湿地等财政专项资金的设立，为进一步健全林业公共财政政策体系奠定了重要基础。

二是林业税收扶持政策更加完善。2010 年底到期的林业综合利用产品增值税即征即退政策，从今年起不再设定实施期限，今后将长期实行。2009 年财政部和国家林业局修订了《育林基金征收使用管理办法》，将育林基金征收标准从 20% 降到了 10% 以下，减轻了农民涉林负担，同时林业基层单位行政事业经费纳入了地方财政预算。从 2010 年起财政部又对降低育林基金征收标准后带来的地方财政减收实行了转移支付政策。

三是林业金融扶持政策取得重大突破。2009 年中国人民银行和国家林业局等 5 个部门联合颁发了《关于做好集体林权制度改革与林业发展金融服务工作的指导意见》，要求切实加大对林业发展的有效信贷投入，规定林业贷款期限最长可达 10 年。国家开发银行进一步规定，速生丰产林、生态建设及后续产业开发贷款的期限最长可达 20 年。中央财政森林保险保费补贴试点由 3 个省区扩大到 9 个，公益林保费补贴比例达到 50%。

强林惠林政策的实施，各级政府投入了大量林业资金。“十一五”期间，中央林业投入达到 2979 亿元，比“十五”增加 80%；地方各级政府投入 1900 多亿元，为“十五”的3.4倍。2011年是“十二五”开局之年，中央林业投入继续保持了强劲的增长势头。全年中央林业投入达到近900亿元，比“十一五”年均水平增加50.3%，比去年增加126亿元；涉林贷款达到1216亿元，同比增长20.7%。但是，与发展现代林业、建设生态文明、推动科学发展、实现2020年林业“双增”目标的要求相比，林业政策还有许多方面有待完善，林业投入仍然不能满足实际需要。

三、为林业发展建立政策保障和资金投入的长效机制

学习胡锦涛主席重要讲话，必须抓住机遇，狠抓落实，坚持将林业纳入国家经济和社会发展总体布局，进一步完善林业政策，加大资金投入，更加有效地发挥政策和资金对林业发展的保障作用。

第一，进一步完善林业公共财政政策体系。完善林业改革支持政策，为深化集体林权制度改革和全面推进国有林场、国有林区改革提供有力保障。完善林木良种、造林、森林抚育、林机具和林业科技推广补贴政策，健全包括公益林、商品林在内的森林生态效益补偿制度，完善森林防火、林业有害生物防治及林业救灾政策，使林业生产全过程和所有经营主体得到相应的扶持，真正形成建设和保护森林生态系统的良性运转机制。完善湿地保护政策，建立湿地生态效益补偿机制，有效促进湿地生态系统的保护和恢复。完善荒漠化防治政策，加大对沙化土地封禁保护的扶持力度，为改善我国生态最脆弱区域的生态状况提供有力支撑。完善生物多样性保护政策，增加自然保护区投入，探索研究集体和个人所有的公益林政府置换、赎买政策，强化对极小种群野生动植物的保护，切实保护好最珍贵的自然遗产。完善生态文化扶持政策，大力发展森林文化、花文化、竹文化和生态文明教育基地，促进生态文明建设。完善林业产业扶持政策，促进林业产业大发展，不断壮大绿色经济。

第二，进一步加大林业基本建设投资力度。加大投资力度，提高造林投资中央补助标准，加强林业重点生态工程建设。制定退耕还林规划，巩固和扩大退耕还林成果，在重点生态脆弱区和重要生态区位继续实施退耕还林。加快天然林资源保护工程二期公益林建设和后备资源培育，进一步加强三北、沿海、长江等防护林体系工程建设，大力推进野生动植物保护及自然保护区建设、湿地保护工程建设，启动京津风沙源治理工程二期，扩大石漠化综合治理范围。进一步加强林业基础设施建设，将林区道路、供水、供电等基础设施纳入经济社会发展规划和相关行业发展规划，加大林区基础设施建设投资力度，改善林区生产生活条件。

第三，进一步完善林业金融和税收扶持政策。完善林权抵押贷款管理办法，鼓励金融机构积极开展林权抵押贷款业务，加快推进农户森林资产网上查询信息系统建设和农户林权抵押贷款免评估政策，以方便林农、降低成本。进一步完善林业贷款贴息政策，争取对符合政策规定的林业贷款据实贴息。完善森林保险保费补贴政策，建立覆盖全国的保费主要由各级财政补贴的森林保险体系，不断提高森林保险保障程度。落实好林业所得税免除、增值税即征即退、天然林资源保护工程免征房产税和城镇土地使用税等税收扶持政策。

以林业科技创新引领绿色增长

——学习胡锦涛主席重要讲话体会之十一

国家林业局党组理论学习中心组

胡锦涛主席在首届亚太经济合作组织林业部长级会议上针对加强林业建设提出了“推进科技创新”的明确要求。胡主席的重要讲话，从经济社会可持续发展的全局出发，把科技提升到转变发展方式、实现绿色增长的战略高度，为今后林业科技发展提出了新的要求，指明了前进方向。深刻领会和贯彻落实胡主席讲话精神，对于加快林业科技进步，充分发挥林业科技的支撑和引领作用具有极其重要的意义。

一、深刻认识林业科技创新在转变发展方式、促进绿色增长中的重大意义

当前，气候变化、土地退化、能源资源短缺、自然灾害频发、生物多样性减少等全球性生态问题日益突出，已经威胁到人类的生存与发展。有效应对挑战、促进绿色增长，已经成为国际社会普遍关注的重大课题。绿色增长的突出特点是低消耗、低排放、可循环，核心是不断增加生态资本。森林是陆地生态系统的主体，依靠科学技术，全面提升森林资源的数量、质量和效益，是扩大生态资本、促进绿色增长的重要途径。

从全球层面看，科技创新已经成为国家核心竞争力的重要标志。进入新世纪以来，全球科技发展突飞猛进，正在催生新一轮技术革命和产业革命。生命科学与生物科技、生态环保科技、能源资源科技、材料科技、信息科技等前沿领域孕育着新的重大突破，以绿色、智能和可持续发展为主要标志的新兴产业飞速发展，全球产业结构将进入新一轮大调整周期。在国际金融危机和生态危机的双重压力下，世界各国都在加快调整科技创新战略，把绿色、低碳、环保作为新一轮产业发展的重点，抢占制高点。科技创新已经成为最具时代特色的理念，成为核心竞争力的关键要素和重要标志。

从国家层面看，科技创新已经成为推动转变发展方式的内生动力。改革开放以来，我国经济实现了前所未有的高速增长，由此带来的能源、资源、环境压力日趋加剧，依靠资源要素投入以及低成本优势支撑发展的模式难以为继。转变发展方式成为经济社会可持续发展的必然选择。加快转变经济发展方式，最根本的要靠科技，关键是提高自主创新能力。只有依靠科技进步和科技创新，才能有效解决困扰经济增长的深层次矛盾、克服日益严峻的资源能源瓶颈；只有促进科技与产业的融合，才能尽快使我国走上创新驱动、内生增长的发展轨道，赢得发展主动权。

从行业层面看，科技创新已经成为破解林业发展难题的关键举措。当前，我国林业发展正处于战略机遇期、黄金发展期，现代林业建设对科技的需求从来没有像今天这样紧迫，科技对现代林业发展的支撑引领作用从来没有像今天这样突出。加大资源培育力度，实现“双增”目标，应对气候变化，迫切需要依靠科技提升森林资源培育技术水平；加强森林生态系统、湿地生态系统、荒漠生态系统建设和生物多样性保护，保障国土生态安全，迫切需要攻克生态保护与建设的技术瓶颈；发展潜力巨大的生态产业、可循环的林产工业、内容丰富的生物产业等国家战略性新兴产业，迫切需要科技推动产业升级；深化集体林权制度改革，实现兴林富民，迫切需要科技提高林业生产效益。随着全球新科技革命的兴起，为林业科技创新提供了广阔空间。只有加强林业科技创新，才能尽快缩短与发达国家的差距；只有在生物种业、生物能源、生物材料、生物医药、生物环保等关键领域取得重大突破，才能引领未来林业的发展；只有加强先进实用技术的集成配套和科技成果的转化应用，才能大幅度提升我国林业生态建设和产业发展的水平。

二、加强林业科技创新的目标和重点

经过多年的不懈努力，我国林业科技取得了显著成就。目前，我国林业科技成果转化应用率超过50%，林业科技进步贡献率由35.4%提高到了43.0%。但我国林业科技仍处于“总体跟进、局部领先”的发展阶段，与林业发达国家相比仍有很大差距。

《林业发展“十二五”规划》明确提出，“十二五”期间，科技进步贡献率要达到50%以上，成果转化率达到60%以上，基本建立起适应现代林业发展的国家林业科技创新体系。实现这一目标，必须贯彻落实胡锦涛主席重要讲话精神，努力把握国际科技发展重大趋势，全面分析林业科技面临的需求与挑战，合理统筹科技资源，超前部署各项重大林业科技任务，大幅提升林业科技自主创新能力。

一是重点突破核心关键技术，全面支撑生态建设提质增效。当前，我国生态建设依然面临着严峻挑战。全国沙化土地面积174万平方公里，水土流失面积达356万平方公里，60%以上的宜林地集中在三北、南方石漠化及干热河谷等困难立地区域。土地沙化、水土流失、物种减少、湿地萎缩等重大生态问题，依然是制约我国经济社会可持续发展的重要因素。要解决这些问题，必须着力突破森林生态系统建设和保护、荒漠生态系统改善与治理、湿地生态系统管理与恢复、生物多样性维护和发展等方面的关键技术，支撑“十大生态屏障”工程建设，提升林业生态服务功能；必须着力攻克碳汇林业建设与管理关键技术，提高应对气候变化能力；必须研究构建森林可持续经营技术体系，促进森林质量和总量双增长。

二是超前部署高新技术研发，加快引领林业产业转型升级。我国是林产品生产和贸易大国，人造板、木地板和木家具等主要林产品产量居世界第一。但我国林产品加工业 80% 以上为中小企业，人均劳动生产率不到发达国家的1/6，在国际产业分工中处于产业链低端位置，木材进口依存度居高不下。促进林业产业的转型升级，必须紧密结合林业“十大主导产业”，超前部署高新技术研发，重点攻克杨树、桉树、松树、杉木、竹子、珍贵树种等培育技术和加工技术，构建先进的用材林培育与加工利用技术体系，为实现木材资源有效供给与高效利用，维护国家木材安全提供技术支撑；开发林果、林粮、林能、林纸、林化、林药等林业资源全产业链技术，攻克林特产资源增值利用技术瓶颈，为保障国家粮油安全、能源安全提供科技支撑。加快培育林业战略性新兴产业，引领我国林业产业向着高效、高值、高端、低碳“三高一低”的绿色方向发展，尽快实现由林业产业大国向林业产业强国转变。

三是大力推进成果转化应用，显著提高现代林业科技进步水平。成果转化与推广应用是科技创新的延伸与拓展，是一种实践意义上的深层次的创新活动。与林业发达国家高达80%以上的成果转化应用率相比，我国林业科技成果转化应用率差距仍然很大，创新成果与转化应用脱节的问题依然突出。必须加快林业新品种、新技术推广和高技术产业化，通过组装配套和集成创新，加速科技成果的孵化和工程化开发，使科技成果尽快转化为现实生产力；加强林业标准制修订工作，强化标准实施与应用，健全林业质量监督体系，全面提升我国林业生产建设规范化和标准化水平；进一步加强林业科技示范区建设，充分发挥辐射带动作用；结合集体林权制度改革，以服务林农为宗旨，以兴林富民为目标，继续深化科技特派员制度，深入开展科技下乡、技术咨询和技术培训活动，促进生产者素质和劳动生产力的提高，切实满足广大林农的科技需求。

四是着力构建科技创新平台，大幅提升林业自主创新能力。科技创新平台是科技持续发展的重要基础和根本保障。长期以来，我国林业科技创新平台投入严重不足，基础设施和能力建设相对滞后，已成为制约科技创新的短板。“十二五”期间，必须大力加强科技创新平台建设，以生态效益监测、服务功能评估和重大科学问题研究为目标，加快推进生态定位研究站网建设；通过优化布局、项目带动、保障运行等手段，着力建设以重点实验室、工程(技术)研究中心、永久性综合实验基地和林业生物基因库等为主体的研究实验平台；运用现代信息技术，建设数字化、网络化、智能化和可视化的信息共享平台；积极探索政产学研用相结合的新机制，构建产业技术创新战略联盟等创新服务平台，大幅度提升林业自主创新能力。

三、为林业科技创新提供更好的条件

认真贯彻胡锦涛主席讲话精神，大幅度增强和发挥林业科技在建设现代林业、促进绿色增长中的创造力和支撑力，必须加强统筹，优化环境，形成合力，为林业科技创新创造更好的条件。

一是进一步加强林业科技工作的组织领导。用科技的力量支撑好、引领好现代林业发展，是实施科教兴林战略和破解绿色增长难题的当务之急、核心所在。必须进一步提高科技对现代林业建设作用的再认识，加强对全行业科技工作组织领导和统筹协调，把科技创新与应用列为提升全行业科学发展水平的中心环节，切实落实到生态建设工程和林业生产的全过程。

二是进一步健全林业科技体系。林业科技投入的力度，决定着科技创新的能力和水平。积极争取各级财政加大林业科技投入，切实落实林业重大工程3%的科技支撑经费，形成以国家财政长期稳定投入为主，多元化、社会化的林业科技投入机制。组建国家林业科学中心和区域林业科技中心，完善国家林业科技创新体系。建立健全以林业科技推广站(中心)、乡镇林业站为主，以林业科研院所、高校和涉林企业为辅的多层次林业科技推广体系。深入贯彻林业标准战略，完善林业标准化体系，建立健全林业质量监督体系。推进林业植物新品种权保护、生物安全管理、林业认证和知识产权保护等工作，优化完善林业科技发展保障服务体系。

三是进一步优化林业科技发展环境。良好的政策环境是激励科技创新的核心要素之一。从政策层面上积极探索并形成林业科技工作在激励创新、鼓励研发和加快转化等各个环节中的新机制、新举措，形成重视科技、依靠科技、应用科技的良好环境。以服务全局、支撑发展为中心，进一步完善以立项、验收、转化、应用为节点的全程科技评价机制，建立以知识、技术、管理等生产要素按贡献计入绩效与薪酬为核心的分配机制，健全以开放科研院所和高校公共科技资源为内容的资源共享机制。发挥科技对林业发展重大问题的决策支持作用，全面提升我国现代林业的科学发展水平。

四是进一步加强科技队伍建设。推进科技创新，离不开德才兼备、具有创新能力的各类优秀人才。要全力实施“3211”林业科技人才培养计划，造就一批林业科技战略科学家、领军人才和基层林业科技骨干。充分利用国家“千人计划”等人才引进平台，吸引海外高层次优秀科技人才回国工作，加快培养具有国际视野的科技创新人才。加大对重点实验室等创新平台、重点学科领域优秀创新团队的稳定支持。加强面向生产一线的实用工程人才、卓越工程师和技能人才的培养。

五是进一步推进林业国际合作。当前，林业在应对气候变化等国际重大热点问题中的作用越来越大，国际谈判的专业化、学术化趋势越来越明显。必须时刻把握、追踪追赶国际科技创新前沿，加强国际先进技术的引进和再创新。巩固和扩大与林业发达国家、重要国际组织间双边及多边科技合作与交流。积极参与有关林业国际进程、国际公约和国际标准的制定。积极拓展对外技术援助的渠道和领域，提高我国林业的国际影响力。

把林业国际合作提升到一个新水平

——学习胡锦涛主席重要讲话体会之十二

国家林业局党组理论学习中心组

胡锦涛主席在首届亚太经合组织林业部长级会议上提出："应该本着平等互利原则，以务实态度开展区域合作。要推动亚太林业高层对话，加强林业政策协调，深化林业经济技术合作，减少或消除绿色贸易壁垒，积极参与全球森林问题磋商和对话，发挥区域林业合作机制作用，增加对发展中成员的支持。"并郑重承诺："中国将继续通过亚太森林恢复与可持续管理组织，为亚太经合组织发展中成员提供力所能及的支持。"胡锦涛主席的重要讲话，充分展示了我国主动承担国际义务，推动国际合作，实现包容性发展和绿色增长的政治意愿和决心，也为我国在新形势下进一步深化林业国际合作指明了方向。我们要以胡锦涛主席重要讲话精神为指导，把林业国际合作提升到一个新水平。

一、充分认识林业在国际上的重要地位

林业担负着保护和发展森林生态系统、保护和恢

复湿地生态系统、保护和改善荒漠生态系统、保护和拯救生物多样性等重要职责。国际社会面临的气候变化、生态恶化、能源资源安全、水资源短缺、物种锐减、土地沙化、贫困问题、自然灾害频发等全球性挑战，都与林业密切相关。当今世界，林业已成为国际社会关注的焦点、国际交流合作的重点、重大外交活动的热点。

一是林业已成为国际社会应对生态危机特别是应对气候变化的主要议题。联合国和世界大多数国家及国际组织已经深刻认识到了生态问题的极端重要性。1992 年联合国环发大会明确指出："没有任何问题比人类赖以生存的森林生态系统更重要，在经济社会可持续发展中应赋予林业首要地位。"2000 年联合国特别成立了森林论坛，2007 年第 62 届联合国大会审议通过了《国际森林文书》，呼吁各国政府加强对林业可持续发展的政治承诺，制定和实施国家林业发展战略和规划。特别是近几年来，林业作为应对气候变化的重要途径，受到众多国际组织、政治家、科学家的特别关注和强力支持。《京都议定书》把林业列为应对气候变化、减排固碳的重要途径。2007 年 12 月，在联合国《气候变化框架公约》第 13 次缔约方大会上，森林减排被列为巴厘岛路线图的重要内容。2011 年 12 月，德班气候大会就减少发展中国家毁林排放等行动的激励政策机制以及土地利用、土地利用变化和林业议题达成了一致。随着应对气候变化问题在全球不断升温，围绕林业议题的合作日益加强，成为国际社会最高级别会议的主要议题之一。

二是林业已成为国际政治领域的重要议题。20 世纪 80 年代以来，西方的生态危机引起人们对生态问题进行深刻思索，引发了绿色生态运动，对传统政治产生了强烈冲击。20 世纪 90 年代以来，绿色运动变成左翼政治流派中的主力，各个政党都或多或少地提出保护生态的主张，以赢得更多选民支持。苏联、东欧解体后的许多共产党员都加入了绿色组织。西方一些主要政党也纷纷通过绿化或与绿党联合以增加执政砝码。目前，绿党已遍布欧美各国。德国绿党已在 1998 年和社会民主党结盟竞选成功，成为第一个执政的绿党。

三是林业已成为国际文化领域的重要议题。生态是文化的根基。随着人们对林业认识的进一步深化，人类文化出现了新的变化。开始确立自然的价值观，摈弃“反自然”的文化，按照“人与自然和谐”的价值观，建设“尊重自然”的文化。生态文化迅速兴起，衍生出包括生态哲学、生态伦理学、生态经济学、生态法学、生态文艺学、生态美学等一系列文化内容。保护生态、珍爱自然、绿色发展成为世界潮流，对全球文化产生了深刻影响。

四是林业已成为国际外交领域的重要议题。随着“民主”、“人权”等传统外交话题逐渐失去市场，林业议题日益成为国际外交领域的新热点、新焦点。特别是近几年来，国际社会关于林业的谈判次数越来越频繁、层次越来越高、分量越来越重。一些国家以保护森林、保护物种作为争夺话语权，树立良好国际形象的话题，为自己创造宽松的外交环境；一些国家以此对别国家施压，制约他国发展。非法采伐森林、保护和利用濒危野生动植物等已成为国际敏感问题，常常成为一些国家之间的矛盾焦点。

二、深入分析我国林业国际合作形势的深刻变化

我国高度重视林业领域的国际合作，特别是1992年联合国环发大会以来的近20年间，积极参与森林公约谈判、森林可持续经营标准与指标、森林认证、打击林木非法采伐、打击濒危物种走私国际犯罪、保护湿地、防治荒漠化、森林应对气候变化等全球性行动，与国际社会一道共同推进全球林业事业的发展。我国林业国际合作形势已经发生了深刻变化。

一是我国林业国际合作取得了重大成效。我国林业以多种形式积极参与相关国际事务，先后与世界上近百个国家(地区)及国际组织(机构)建立了合作关系，认真履行《联合国防治荒漠化公约》、《湿地公约》、《濒危野生动植物种国际贸易公约》、《气候变化

框架公约》、《生物多样性公约》、《国际植物新品种保护公约》等国际公约，积极参与相关国际林业规则的制定。特别是2009年胡锦涛主席提出的到2020年森林面积比2005年增加4000万公顷、森林蓄积量比2005年增加13亿立方米的发展目标，纳入了应对气候变化行动，树立了我国的国际新形象。林业成为亚太经合组织、中非合作论坛、中欧和中俄、中美等首脑会议的重要议题，凸显了我国林业在国际林业和区域林业发展中的重要地位和作用。

二是我国林业建设成就赢得了国际社会的高度认可。新中国成立以来，特别是改革开放以来，从维护国家生态安全和全球生态安全的战略高度，持续开展了中国乃至人类历史上规模空前的生态建设，取得了一系列重大成就。森林资源持续增长，人工林保存面积居世界首位；生物多样性保护全面加强；自然湿地保护率达到50.3%；土地沙化趋势总体上得到初步遏制，实现了从“沙逼人退”向“人逼沙退”的历史性转变。这些重大成就受到国际社会的高度评价，为国家赢得了荣誉。

三是我国林业国际合作领域更加广泛。20世纪80年代以来，我国林业累计争取国际无偿援助资金超过8亿美元，项目近700个，对转变林业发展观念，推动我国林业发展发挥了重要作用。随着我国等新兴大国的日益崛起，2008 年以来美国、欧洲相继出现的大规模金融危机，我国林业国际合作环境发生了根本性变化，一些发达国家减少了对我国的无偿援助项目合作。林业国际合作领域正在从过去单纯地吸收资金和技术向互惠互利、促进共同发展的方向拓展。

四是我国林业国际合作内容日益深化。近几年来，我国林业在认真履行国际公约、巩固拓展与国际组织和机构合作关系的基础上，积极参与相关国际林业规则的制定，对外签署了 74 个双边政府间和部门间协议。同时，我国还与一些国家发起建立了 2 个国际组织。1997 年 11 月，建立了第一个总部设在中国的政府间国际组织——国际竹藤组织，已发展成员国 37 个，形成了业务范围覆盖全球主要竹藤产区的具有影响力的政府间国际组织，在广大发展中国家扶贫和促进经济社会可持续发展方面的作用日益增强。根据 2007 年胡锦涛主席在 APEC 领导人第 15 次非正式会议上的倡议，建立了亚太森林恢复与可持续管理组织，在促进区域内森林恢复、加强区域内森林可持续管理、提高区域内森林生态系统的生产能力和社会经济效益等方面加强国际合作与交流。2010 年国际社会在举行了一系列高官会议和部长级会议之后，11 月在俄罗斯圣彼得堡举行了老虎峰会，温家宝总理出席峰会并提出了老虎保护的 3 项主张，在世界上树立了负责任的大国形象。林业国际合作的不断深化，为我国林业发展创造了良好的外部环境，也提升了我国林业在国内经济社会发展中的地位。

三、切实做好林业国际合作的重点工作

在林业问题备受关注，我国的林业建设成就得到国际社会广泛认可的国际大背景下，我国林业国际合作要以中国特色社会主义理论为指导，以国家整体外交战略为统领，以促进现代林业建设为宗旨，顺应全球化发展趋势，统筹国内国际两个大局，围绕提升林业国际地位，增强话语权，改善国际形象，化解林产品国际贸易主要矛盾，进一步明晰思路、整合资源，协同推进多层次、宽领域、全方位的林业对外开放。近期要重点做好以下工作。

一是以更主动的姿态履行国际公约和双边协定。随着林业在全球经济社会可持续发展中地位的不断提升，国际林业热点问题和敏感问题将不断产生，多边、双边磋商和谈判日趋频繁。我们要深入分析国际林业问题的形势、任务和发展趋势，研究制定更加清晰的国际林业问题治理参与战略，积极参与多边、双边磋商，妥善处理好国际谈判中热点议题，维护好国家利益。同时，进一步完善内部协调机制，推动协同履约，不断提升整体履约能力，为我国林业发展营造宽松的外部环境。在具体工作中，要充分发挥各履约部门间协调机构的作用，认真履行林业主管部门负责的各项国际公约及联合国森林文书。加强长期国别战略研究，深入推动各双边协定的签署和履行。

二是以更务实的精神推动项目合作。随着我国经济高速发展，综合国力不断提升，国际对华援助政策不断调整，援助资金总体规模明显下降。与此同时，我国林业建设积累的丰富经验和实用技术不断被国际社会认可接受，发展中国家希望我国进行林业援助的期望日益增强。根据国家经济在国际上的总体地位和区域间的不平衡以及世界各国对我国林业国际合作的需求，一方面要继续积极争取国际金融机构、国际组织、发达国家的项目支持，全面提升国内林业发展质量，特别是加强西部地区的生态建设；另一方面要充分利用现有渠道不断开辟新的渠道，对发展中国家提供力所能及的支持，与广大的发展中国家共享我国林业发展成果。

三是以更开放的态度促进国际非政府组织参与我国林业建设。国际非政府组织是我国林业对外开放、引进国外林业发展经验的重要渠道。要充分利用国际非政府组织专业性强、信息来源广、传播能力强的优势，在规范合作的基础上，加强交流，在不断引进国外的先进理念的同时，推动我国林业建设成果走向世界。在具体工作中，进一步完善合作制度，依法规范合作，消除合作顾虑。

四是以更大的力度加快林业国际合作复合型人才培养。人才是一切工作的关键所在。要适应林业国际化趋势，加快培养一批林业国际合作复合型人才。既要树立牢固的国际合作理念，在工作中培养国际合作能力，也要通过向国际机构和有关国家派遣人员，以多种方式加强学习锻炼，培养复合型的国际合作人才，全面提升林业国际合作质量，促进我国林业的外向型发展。在具体工作中，高度重视并严肃对待林业国际问题，将国际问题和国内问题联系起来研究，将国际法和国内法结合起来实施。

全面开创现代林业发展新局面

——学习胡锦涛主席重要讲话体会之十三

赵树丛

2011年9月6日，胡锦涛主席在首届亚太经合组织林业部长级会议上发表了《加强区域合作　实现绿色增长》的重要讲话，深刻论述了森林的多种重要功能，明确提出了加强区域林业发展和合作的重要主张，郑重表明了中国政府实现绿色增长的坚定决心，向全世界发出了让森林永远造福人类的重要倡议。胡锦涛主席的重要讲话，既是一篇维护生态安全、应对气候变化的绿色宣言，又是一篇指导我国林业发展、推动绿色增长的纲领性文献，必将对我国乃至世界经济社会发展产生重大而深远的影响。

为了把学习贯彻胡锦涛主席重要讲话的活动引向深入，国家林业局党组理论学习中心组撰写了一系列学习体会文章，力求全面深刻地领会讲话精神，研究提出扎实有效的落实措施。贯彻落实好胡锦涛主席的重要讲话精神，要求各级林业部门切实担负起党中央、国务院赋予林业的历史使命，全面开创现代林业发展的新局面，为国民经济又好又快发展和社会又好又快发展，增加人类福祉作出更大的贡献。

一、全面开创现代林业发展新局面，必须立足于服务国家战略大局

胡锦涛主席强调指出："中国高度重视林业建设，把发展林业作为实现科学发展的重大举措、建设生态文明的首要任务、应对气候变化的战略选择。"这是党中央赋予林业的重大使命。深入贯彻落实胡锦涛主席的重要讲话，全面开创现代林业发展的新局面，必须紧紧围绕国家战略大局来谋划林业、发展林业，真正发挥林业在国家战略大局中的重要作用。

（一）林业要为促进绿色增长、实现科学发展作出新贡献。绿色增长是世界经济社会发展的历史潮流，科学发展是国家经济社会发展的主题。促进绿色增长、实现科学发展，是经济社会可持续发展的根本要求，是国家最重要的战略大局。发达的林业是实现绿色增长和科学发展的基础支撑和重要标志。我国是世界林业大国，在全球林业建设中具有重要地位，我国林业的快速发展已经为绿色增长作出了重大贡献，同时还有着巨大的发展潜力。加快林业发展，不仅可以为中国实现绿色增长和科学发展发挥出不可替代的重要作用，而且可以为世界经济社会可持续发展作出更大贡献。

（二）林业要为维护生态安全、建设生态文明作出新贡献。维护生态安全、建设生态文明是顺应世界文明发展潮流的必然选择，是推动人类文明进步的必由之路，也是党的十七大作出的重大战略决策。森林是“地球之肺”，湿地是“地球之肾”，土地沙化是“地球的癌症”，生物多样性是“地球的免疫系统”。林业承担着保护和建设森林生态系统、保护和恢复湿地生态系统、治理和修复荒漠生态系统、维护和发展生物多样性的重要职责。只有加快林业发展，不断“强肾润肺”、增强“免疫功能”，才能保障地球的“健康”，才能维护好生态安全，才能真正建设好生态文明。

（三）林业要为增加森林碳汇、应对气候变化作出新贡献。应对气候变化是国际社会面临的重大问题和共同责任。森林是陆地上最大的碳储库和最经济的吸碳器，减少森林损毁、增加森林碳汇作为应对气候变化的有效途径，已经纳入国际规则。我国是人工林面积最大的国家，也是森林资源增长最快的国家，为增加森林碳汇、应对气候变化作出了重要贡献，受到国际社会的高度赞誉。从维护全球气候安全和人类共同福祉的战略高度出发，胡锦涛主席向世界作出了到2020年我国森林面积比2005年增加4000万公顷、森林蓄积量比2005年增加13亿立方米的庄严承诺。我们一定要紧紧围绕实现“双增”目标，加强植树造林，扩大森林面积；加强森林抚育，提高森林质量；加强森林防火、林业有害生物防治和非法征占用林地防控，减少因毁林引起的碳排放；加快开发林业生物质能源，降低化石能源消耗，减少温室气体排放总量，为增加森林碳汇、应对气候变化作出新贡献。

（四）林业要为维护粮食安全、能源安全作出新贡献。维护粮食安全和能源安全是我国的重大安全战略，是我国经济社会发展的根本保障。森林是保障粮食稳产高产的生态屏障，在平原农区，良好的农田防护林体系可以减轻自然灾害特别是干热风对农作物的危害，提高15%～20%的粮食产量。我国有木本粮油树种200多种，专家测算，仅木本食用植物油生产潜力就在600万吨以上，按照世界人均消费水平，可解决6亿人口的食油问题，使我国食用植物油进口量减少60%以上。据联合国粮农组织研究，到本世纪中叶，生物质能源将占全球总能耗的50%以上。我国现有森林中每年可用于发展生物质能源的生物量约为3亿吨，折合标准煤约为2亿吨；还可培育能源林2亿亩，生产木质燃料近4亿吨，折合标准煤约2.7亿吨。同时，我国种子含油量在40%以上的植物有154种，发展生物柴油也有巨大潜力。我们一定要按照胡锦涛主席提出的“要挖掘林业潜力，发展木本粮油和生物质能源，维护粮食安全和能源安全”的要求，切实履行好这一新的重大使命。

（五）林业要为农民就业增收、扩大国内需求作出新贡献。农民就业增收是解决“三农”问题的突破口，也是扩大国内需求的重要途径。农民是我国最大的低收入群体，农村是扩大内需的潜力所在。我国林地面积大，物种资源丰富，林业产业链条长，林产品市场潜力大，特别是实行集体林权制度改革，为农民创造资本奠定了制度基础。我国规划发展的十大林业主导产业，为农民创业致富提供了现实途径。通过集体林权制度改革，农村已经涌现出了一批百万元户、千万元户。随着林业政策的不断完善，27 亿亩集体林地的巨大潜力必将得到充分发挥，数亿农民的巨大潜能必将得到充分释放，农民的收入水平和消费能力必将得到全面提升，从而为扩大国内需求、拉动经济增长发挥重大作用。

二、全面开创现代林业发展新局面，必须抓好重点和关键环节

发展现代林业、建设生态文明、推动科学发展是新时期林业建设的总方针、总要求。发展现代林业，必须坚持以科学发展为主题、以转变林业发展方式为主线、以构建林业三大体系为目标，用先进理念指导林业，用科学技术武装林业，用信息手段管理林业，用市场机制推动林业，用法律制度保障林业，用对外开放拓展林业，用新型务林人经营林业，不断开发林业的多种功能，充分满足社会的多样化需求。当前，要抓住重点和薄弱环节，集中力量，加大力度，全面开创现代林业发展的新局面。

（一）要大力发展生态林业。生态是人类生存之本、发展之基，是林业的核心。森林是陆地生态系统的主体，林业的首要功能就是满足人的生态需求、保障国家的生态安全。我们必须按照中央的要求，全面实施以生态建设为主的发展战略，充分发挥林业在生态保护与建设中的主体功能，要以林业重点生态工程为依托，以防范和减轻风沙、山洪、泥石流等灾害为重点，加强森林资源保护与经营，大力开展植树造林，深入开展全民义务植树运动；强化野生动植物和湿地保护，加强自然保护区建设，构筑十大绿色生态屏障，努力形成维护国土生态安全的保障体系。

（二）要大力发展民生林业。党中央、国务院高度重视民生，将保障和改善民生作为一切工作的根本出发点和落脚点。林业是造福人类的公益事业，是国民经济的基础产业，是惠民富民的民生产业。林业发展要满足人民群众的新期待、新需求，必须提供更加丰富的生态、生产、生活产品。当前，生态建设与社会发展不协调，生态承载力与经济增长需求不适应，主要林产品供需矛盾突出，已严重影响到人们生活质量的提高；同时，林区基础设施建设严重滞后，行路难、饮水难、用电难、就医难、上学难等问题也十分突出，社会保障严重滞后于社会平均水平。我国山区占国土面积的69%，山区人口占全国人口的56%，山区林区成为全面建设小康社会的重点和难点。我们必须把林业发展与改善民生结合起来，着眼于创造更丰富的生态产品，不断改善人民生产生活环境；着眼于提供更优质的林产品和生态文化产品，满足人民物质和精神需要；着眼于改善林区基础设施，使林业职工、广大林农与全国人民一样同步享受到全面建设小康社会的成果。

（三）要大力发展科技林业。科学技术是发展现代林业、建设生态文明的主要驱动要素和持久动力。履行林业肩负的新使命、适应林业转型的新要求、实现林业事业的新发展、满足人民群众的新期待，都离不开科学技术的支撑。要高度重视科技在建设现代林业中的关键和基础性作用，紧紧围绕实现林业“双增”目标、应对气候变化和培育战略性新兴产业，加快建设林业科技创新体系、成果推广体系、质量标准体系和科技人才队伍体系，攻克技术瓶颈，加速科技进步，提升自主创新能力，为林业转变发展方式、增强发展动力提供强力支撑。

（四）要大力发展法制林业。依法治国是社会主义民主政治建设的基本方略，依法治林是林业建设的基本要求。目前我国涉林法律法规有 17 部、部门规章 42 件，初步形成了较为全面的林业法律法规体系。但从总体上看，林业法律法规仍不完善，林业执法仍需加强，林业普法任务仍很艰巨。特别是一些地方违规违法侵占林地、湿地的现象还相当严重。必须加强林业立法，修订完善《森林法》等林业法律法规；加强林业执法，切实保护好林地、湿地、森林、野生动植物资源；加强林业普法，使广大群众知法、懂法、守法，真正形成有法可依、有法必依、执法必严、违法必究的林业法制环境。

（五）要大力发展开放林业。林业发展离不开国际和国家政治经济社会大环境。要扩大林业对外开放。当前，国际政治经济形势日趋复杂，林业已成为国际社会特别关注的焦点，必须加强国际合作交流，积极参与国际林业规则制定，认真学习林业发达国家的先进经验。林业企业要大胆地走出去，用好“两种资源”、“两个市场”，提升市场竞争力。要扩大林业对内开放。把林业置于国家经济社会发展全局中来谋划，开阔视野，开拓思路，以开放的思维推进林业改革发展。把林业建设融入地方经济发展布局，把林区民生、基础设施、公共服务纳入地方社会发展规划，不能关起门来自成一体、封闭运行，更不能搞独立王国、小企业办大社会；要积极推动林业产业与其他产业的融合；主动加强与其他部门的合作，形成林业发展的强大合力。

三、全面开创现代林业发展新局面，必须狠抓工作落实

学习贯彻胡锦涛主席的重要讲话，全面开创现代林业建设新局面，一定要体现在行动上，狠抓各项工作的落实。

（一）狠抓思想武装、服务大局的落实。思想是行动的先导。全体务林人都要增强大局观念，用胡锦涛主席的重要讲话精神来武装思想，用林业的根本使命来统一认识，形成自觉服务服从于中央决策部署的意识。当前，林业发展要服务于中央关于2012年经济社会发展稳中求进的总基调、总要求，确保生态贡献总量稳定增加，林业产业稳定增长，林农和林业职工稳定增收，林区社会和谐稳定，增强林业改革发展服务稳中求进大局的主动性、自觉性，在稳中求进中找位置、挑重担，创造性地做好林业工作。

（二）狠抓林业规划、重点工程的落实。林业规划事关林业长远发展。森林覆盖率和蓄积量2个约束性指标、12项重点工程、林业应对气候变化、林业三大改革已纳入国家"十二五"规划纲要，国家林业局已编制印发了《林业发展"十二五"规划》，各专项林业规划和地方林业规划已陆续出台或正在编制完善。在林业规划的编制完善过程中，要增强战略思维，扩大国际视野，搞好规划之间的衔接，增强规划的科学性、战略性和可操作性，形成完善的林业发展规划体系。林业规划不能只是写在本子上、放在抽屉里，不能和实际工作脱节，要谋深、盯紧、抓实，特别要重视重点工程规划的落实，以林业重点工程带动林业大发展、出成效。

（三）狠抓林业改革、创新机制的落实。改革是推动林业发展的根本动力。集体林权制度改革取得了重大进展，各种生产要素开始向林业集聚，非公有制林业快速发展，逐步形成了投资主体多元化、经营形式多样化的新格局。当前和今后一个时期，要继续深化集体林权制度改革，积极创造条件启动国有林场和国有林区改革，为新时期林业发展注入新活力。同时，要进一步深化林业行政管理体制改革，实现政府职能由管理型向服务型转变，构建管理高效、运行有序、充满活力、适应生产力要求的服务林业发展的新机制。

（四）狠抓林业政策、资金投入的落实。林业具有很强的公共产品属性，政策和资金投入是林业建设的基本保障。中央和地方高度重视林业建设，出台了一系列支持林业发展的政策措施，初步建立了与社会主义市场经济体制相适应的林业政策保障和资金投入机制。当前和今后一个时期，要进一步完善和落实林业公共财政政策体系，进一步加大林业基本建设投资力度，进一步完善林业金融和税收扶持政策，真正形成有利于林业三大体系建设的政策保障和资金投入长效机制。

（五）狠抓转变作风、服务基层的落实。各级林业部门的领导干部要以兴林富民为己任，分清公与私、实与虚、真与假、是与非的界线，坚持真理，坚持原则，坚持正确的政治方向，牢固树立政治意识、大局意识、责任意识和忧患意识。要转变作风，深入基层，服务基层，心系群众，服务群众，真抓实干，埋头苦干，把林业“双增”目标落实到山头地块，把强林惠民的政策措施落实到千家万户，把党的温暖送到人民群众的心坎里，把坚持以人为本、执政为民的理念落实到行动上。

附录

北京林业宣言

（2011 年 9 月 7 日）

我们——出席 2011 年 9 月 6～7 日在中国北京召开的“首届 APEC 林业部长级会议”的各经济体林业部长和高官，认识到世界经济正在从全球金融危机中逐渐复苏，但仍面临着资源和能源短缺、气候变化、生物多样性丧失、贫困和粮食安全等挑战。加强森林保护、恢复和管理将有助于实现 APEC 经济体的经济、社会、环境发展的战略目标；同时亟待加强国际合作以应对上述挑战。

忆及 2007 年悉尼《APEC 领导人宣言》，承诺到 2020 年努力实现本区域所有类型森林面积至少增加 2000 万公顷的目标，同时建立亚太森林恢复与可持续管理组织。

还忆及 2010 年横滨《APEC 领导人宣言》，强调“要努力实现悉尼目标，并指示各自政府官员为此采取具体行动；加强合作应对非法采伐和相关贸易问题，推动森林恢复与可持续经营”。

重申联合国环境与发展大会通过的《关于森林问题的原则声明》和《关于所有类型森林的不具法律约束力的森林文书》，注意到它们使国际社会更加清楚地认识到森林在经济、社会和环境可持续发展，生态保护，消除贫困，绿色增长，特别是应对气候变化等方面具有重要的作用和贡献。“绿色增长”将是 APEC 第 19 次领导人非正式会议的重要议题之一。

认识到林业以其独特的作用和对可持续发展的贡献，有潜力成为实现绿色增长的领军行业。

欢迎坎昆协议相关内容，包括针对发展中国家毁林和森林退化导致温室气体排放而提出的减排政策措施和激励机制，森林保护和可持续经营的作用，以及增强发展中国家的森林储碳能力。

铭记 APEC 经济体在自然、经济和社会发展方面具有的丰富多样性，各自不同的发展需求和目标，以及在保护、可持续经营和恢复本区域森林以实现绿色增长和可持续发展中面临的巨大挑战，我们要努力：

1. 保持并进一步增强支持森林保护、恢复和可持续经营的政治意愿；

2. 通过联合国森林论坛、国际热带木材组织、关于温带寒温带森林保护与可持续经营标准指标的蒙特利尔进程等现有国际进程，推进林业相关协议的实施，增强对森林可持续经营的共识；

3. 加强森林可持续经营领域的国际合作，包括考虑运用创新的资金机制促进绿色增长；

4. 加强 APEC 经济体在林业政策和管理方面的协调与合作，特别是促进可持续林产品的投资和贸易，深化林业经济技术合作，促进森林的多种利用，提供各类产品和服务；打击非法采伐，促进合法林产品贸易，并通过 APEC 专家组加强此领域的能力建设；

5. 推进务实合作，保护、恢复和可持续利用森林资源，特别是通过原著居民和乡村社区等利益群体积极参与区域林业倡议、开展技术合作以及采取其他旨在加强本区域森林可持续经营的举措实现这一目标；

6. 推动现有区域林业组织和进程开展更加密切的合作并采取有效行动，特别是通过联合国粮农组织亚太林业委员会、亚洲森林伙伴关系和亚太森林恢复和可持续管理组织交流信息和经验，加强经济体间的合作，推动森林可持续经营；

7. 鼓励 APEC 经济体大力植树造林，防止毁林和森林退化，增加森林面积，提高森林质量，并考虑以经济、社会、环境可持续发展的最佳方式，实现 2007 年悉尼《APEC 领导人宣言》确立的目标；

8. 鼓励开展森林防灾减灾和灾后重建方面的信息交流；加强监测和预防跨界森林病虫害和外来物种领域的信息交流，防止森林退化；

9. 进一步加强林业机构建设，提升林业管理能力，加大林业资金的筹措力度，以适应经济、社会、环境快速发展对林业提出的新要求；

10. 制定和完善林业法律和政策，加强森林治理和林地保护，建立稳定的林权制度，加强林业执法；

11. 鼓励保护、恢复和合理利用森林资源，提高森林质量，增强森林储碳功能以应对气候变化；保护与合理利用野生动植物和湿地资源，防治土地退化和荒漠化，保护生物多样性；

12. 发展林业产业，扩大就业，提高原著居民和当地社区可持续经营森林和参与林产品贸易和加工的能力，加快林区发展，改善民生，实现绿色增长；

13. 加强跨部门合作，建立跨部门政策协调机制，倡导参与式森林管理，减少政策冲突对林业的负面影响；

14. 鼓励科技创新，加快林业科技与经济的融合，加强林业领域的能力建设和研发，包括通过技术转让、信息分享、科技会议和创新融资机制，加强新技术和科研成果的应用，促进创新增长；

15. 加强宣传，提高公众对林业法规、生态保护重要性以及林业可持续发展的认识。

后　记

2011 年 9 月 6 日，在首届亚太经合组织林业部长级会议上，国家主席胡锦涛发表了题为《加强区域合作 实现绿色增长》的重要讲话，这是我国党和政府关于林业发展的一篇纲领性文献，是推动我国现代林业科学发展的重要指针，对推动中国乃至世界林业发展具有十分重要的指导意义，并将产生广泛而深远的影响。

为把学习贯彻胡锦涛主席重要讲话的活动引向深入，按照国家林业局党组的部署，我们选编了 13 篇学习胡锦涛主席重要讲话的体会文章。

这些文章是国家林业局党组认真研读胡锦涛主席重要讲话的学习成果，也是对全国林业系统深入学习贯彻胡锦涛主席重要讲话提出的新要求。学习体会文章发表的目的是要引起广大林业干部职工的深入思考和热切关注，在全国掀起学习贯彻胡锦涛主席重要讲话的热潮。

认真阅读这些文章，可以使我们更加深入地领会、更加自觉地贯彻、更加有效地落实胡锦涛主席的重要讲话。我们一定要用讲话精神统一思想、指导实践、推动工作，切实肩负起党和人民赋予我们建设现代林业、实现绿色增长的光荣使命。

国家林业局封加平、高红电、程红、刘东生、王春峰、王祝雄、汪绚、张蕾、郝燕湘、彭有冬、苏春雨、厉建祝、李世东、李金华、郝育军、韩学文、刘苇萍等同志执笔撰写了相关文章或参与了统稿工作，局党组负责同志进行了审阅定稿。